ファッションテキスタイル（服飾生地）の企画・販売を手掛ける「ラビアンヌ」を創業。会社のロゴマーク。

販売戦略が実を結び、輸出用プリント生地がヒットする
（本文124ページ参照）。

ホワイトカシミアを使用した「世界一のコート」。メイド・イン・ジャパンの最高級品で、高島屋の外商を通じてしか買えないという、希少性と優位性という価値を備えている（本文160ページ参照）。

メイド・イン・ジャパンのハイファッションを発信する拠点として、平成６年、東京・渋谷のNHK西口正面にラビアンヌの東京ビルが完成。テレビドラマのロケなどにも利用されている（本文164ページ参照）。

上質への
こだわりを貫いて

■スモール・イズ・ベストの経営思想■

株式会社ラビアンヌ
代表取締役
水上敏男 *Toshio Mizukami*

文芸社

はじめに

気がつけば、すでに六十年以上、ハイファッションの世界で生きてきた。

昭和三十年代に私が創業したファッションテキスタイル（服飾生地）の企画・販売を主に手掛ける企業「ラビアンヌ」が、高級婦人服業界で確かな地位を築くまでの歩みは、戦後、日本のファッションが花開き、成熟していく過程とほぼ重なる。

ファッションビジネスで身を起こした経営者というと、センスや環境に恵まれ、洗練された経歴を歩んできたと思われがちだが、私自身の来歴は、そんなイメージとはかけ離れている。

戦時下に、北陸の田舎の農家の次男坊に生まれ、国のために戦死して家の誉れとなることが自分の役目と信じて育った。しかし十三歳で終戦を迎え、国のため、家のために命を捧げるという唯一の目標を失う。その後は商業学校で学んだものの、商売とは無縁の環境で育ったため、学校の勉強にはついていけず、落第点ばかりの劣等生。

そんな私のために親が用意してくれた、一流銀行への就職のチャンスさえ、自らの不行状で潰してしまう。

戦争で「死にそこなった」ばかりか、親の顔にまで泥を塗った。そんな自分の情けなさに打ちひしがれ、「一から人生をやり直したい」という痛切な思いにかられたことが転機となり、繊維の本場として知られる大阪・船場の地に飛び込んだ。

その後、戦後日本の繊維・ファッション業界の発展とともに無我夢中で走り続け、ゼロから事業を築き上げてきた。

日本のハイファッションは、活気に満ちた青春時代を経て、現在は成熟期を迎えている。その移ろいの中を生き抜いてきたことで、時代を問わず個人が成功するために必要なものは何か、そしてこれからの時代のビジネスに必要とされるものは何か、私なりに見出してきたものがある。

詳しくは本書の中で述べていくが、ひとつだけ言えば「スモール・イズ・ベスト」という経営思想こそが、これからの時代には大切な考え方になっていくのではないかと思う。

はじめに

近年、ファッション業界のみならず、さまざまな分野で価格競争が激化している。大型チェーン店の大量生産の商品を真似て、さらに質が落ちる製品を、さらに安く売るという競争にはまり込み、多くの店が行き詰まっている。

いまは安さだけが求められる時代ではない。こだわりを持ってつくったものを、そのこだわりをしっかり打ち出し、インターネットを使って世界に向けて発信すれば、それを求める人は必ず現れる。価格競争に足を踏み入れるのではなく、むしろ、どうすれば高くても売れるかを考えるべきなのだ。

これからはあらゆる業種が、そのような方向に向かっていくのではないかと思う。そうした時代の状況においては、私が歩んできた道のりをお伝えすることが、多少なりともヒントになるのではないかと思い、本書を執筆した。

スタートラインに立ったときの私は、ファッションのことなど何も知らない、田舎の高校を出たばかりの若者だった。

特別なものは何ひとつ持っていなかった。だが、それなりの実績を残すことができたという自負がある。

これは決して昔話でも自慢話でもない。これからの日本を背負って立つ世代への、私からのささやかなメッセージである。ひとつでも参考にしていただけることがあれば幸いである。

水上敏男

平成二十八年秋

目次

第三章　これほど幸せな商売はない

第六章　「神業師」の夢は終わらない

第一章

「宝の場所」からの船出

豊かで満ち足りた楽園のようなふるさと

眼下に広がる紺碧の海を、真っ白な客船が進んでいく。

山の斜面の棚田からその光景に見入っていると、かたわらにいた父が農作業の手を止めて、船を指差した。

「敏男、あれに乗って行ったらな、外国に行けるんや」

そう言って、歌うような口調で中国語やロシア語の数字を数え出す。

白く輝く船と、その先にある広い世界の眩しさに目を細めながら聞いた、その未知の言葉の響きが、いまも耳に残っている。

福井県の敦賀の港は日本海の玄関口で、敦賀湾には大陸との間を結ぶ船が行きかっていた。その敦賀湾に面した、横浜という小さな村で私は生まれた。昭和七年五月十五日。犬養毅首相が青年将校に暗殺された、あの「五・一五事件」の、まさにその日である。

第一章　「宝の場所」からの船出

日本が戦争に向けて、しだいに軍国主義の色合いを強めていく時代だったが、私の生まれ育った村のあたりでは、まだ田舎の農村らしいのどかな空気が流れていた。

生家は地元で「横浜の嘉左衛門」と呼ばれる旧家で、当主は代々「嘉左衛門」を名乗っていた。父はその六代目に当たり、私は五人きょうだいの次男坊である。我が家は村の中心的な存在で、広大な山林や田畑を持っていた。田畑は平地ではなく傾斜地の棚田で、数メートルにも及ぶ石垣の段差があるため、農具や作物の運搬は、どんなに重いものでも人が背負って運ぶ以外に手立てはない。景色は美しいが農地としてはきわめて効率が悪く、すべて人力でまかなう農作業は重労働だった。働き者の両親は、その棚田で早朝から夜遅くまで農作業に精を出し、私も幼い頃からそれを手伝っていた。

両親から「勉強しろ」と言われたことは一度もなかった。学校から家に帰り、玄関を開けるとまず目に入るのは、新聞紙に消炭で書かれた親からの書き置きである。

〈海に行って夕飯のおかずにするサザエを取ってこい〉

〈鍬を持ってきて山の畑をたがやせ〉

指示される手伝いの内容は、日によってさまざまだった。それを確認するや、玄関にかばんを放り出し、海や山に向かって走っていく。村の同年代の子どもたちが、陣取り遊びや兵隊ごっこをして遊ぶ歓声を遠くに聞きながら、私は日が暮れるまで、農作業の手伝いや弟妹の世話をしていた。

村の子どもたちと遊ぶことはまずなかったが、それを寂しいと感じたことはない。目の前には海が広がり、すぐ背後には緑の山が続く。たとえ手伝いばかりでも、恵みと彩り豊かなその自然の中をかけまわるようにして過ごすだけで、わくわくする日々の連続であった。

四季折々の故郷の情景が、夢のように思い出される。

早春から初夏にかけては、家のまわりを取り囲む梅や柿の木が、花や若葉のさわやかな香りを漂わせ、窓を開けると、その香りが家いっぱいに満ちる。春の海に船を出し、ワカメ採りを手伝うのも楽しみだった。採ってきたワカメを庭で乾燥させるときの、あの独特の潮の香りがたまらなく懐かしい。穏やかな海の中にタコつぼをしかけ、いっぱいになっているのを見つけては歓声を上げた。

初夏には梅が実を結び、真夏は蝉の鳴き声と海水浴客の歓声で、あたりはひときわ賑やかになる。真夏のきらきら輝く海で、私たち地元の子どもはサザエやウニ取りに熱中した。よそでは高級料亭でしかお目にかかれないような立派なウニが、海にもぐって岩をひとつめくればいくらでも採れる。それを採ったその場で、新鮮なまま食べた。サザエやアワビは家に持ち帰り、父親の酒の肴になった。カレイが海底の砂の中を、スーッと跡をつけながら泳いでいるのを注意深く見守り、その跡の先端あたりを突くと仕留められる。それが面白くて、何匹も捕まえた。

夏の夕日が西の敦賀湾に沈んでいく。水平線をオレンジ色に染めながら、越前の岬と敦賀の立石岬の、ちょうど真ん中に太陽が落ちていく。その眺めは息を呑むほどに美しく、絶景と言う以外に表す言葉がない。

秋には虫の声が響き、ススキが生い茂る。いっぱいに実をつけた柿が、オレンジのじゅうたんをかけたように村一面を彩り、田では稲穂が黄金色に波打つ。鮮やかに色づいた山に入ってクリ拾いをしながら、目についたアケビを取って食べると、さわやかな甘さが口いっぱいに広がった。

冬は深い雪に閉ざされる。荒波が轟音を立てる灰色の海は、それまでの季節とは一変して獰猛な表情を見せる。この長く厳しい北陸の冬もまた、その苛酷さに耐え抜くことを教えてくれるものであり、やがて来る春や夏の輝きをいっそう強めてくれるも

タフな仕事もやり抜ける強靭な体と、厳しさの中でも折れない心を育んでくれた、楽園のような故郷・敦賀。

のでもあった。

この自然の宝庫での暮らしはある意味、楽園のようなものであった。何しろ、ほとんど「お金のいらない生活」だったのだから。

食べ物は基本的に自給自足で、収穫したものは自分たちで食べるほか、近隣で分け合う。とれた野菜を漁師のところに持って行けば、

「嘉左衛門さん、どうぞこれ持って行って」

と、魚介類をどっさり箱に入れて渡される。必要なものは何でもとれるし、それと交換すればたいていのものは手に入る。生活の上で何かを「買う」と

いうことはほとんどなかった。

私は子どもの頃、お金と言えばお祭りで飴玉を買うときぐらいしか使ったことがなかった。多少のお金が必要になると、祖母が家の裏に行って、そこに自生しているフキをパパッと刈ってくる。それを朝市に買い物に来ている人に売れば、たちまち小銭ができた。刈ったフキは、いつしか芽が出て自然にまた大きくなる。そんな調子だったので、その頃の私にとってお金とは、そこらに生えているものとほとんど同義であった。

お金はいらない。ほしいものは全部ある。その気になれば何でもとれる。

なんと豊かで満ち足りた生活であったことかと思う。ふんだんにあるものを分け合い、欲しいと言われれば与え、足りなければもらう。そんな大らかでのどかな空気が流れる共同体で、家に鍵をかける必要もなかった。

そんな場所では、人は誰も他人を疑うことがない。その必要がないからだ。猜疑心を持たず、目の前の人に誠意を尽くす。ここで暮らす人々にとって、誠意というものは特別な美質ではなく、ごくあたりまえに備わっているものだった。まっすぐで温かい人々の中で成長し、「他人に喜んでもらい、それによって自分自身も喜びを得る」

という「誠意」が私の中にも自然に根付き、それは私の人生を貫く背骨となった。

豊かな自然の中を夢中でかけまわった日々は、タフな仕事もやり抜ける強靭な体と、厳しさの中でも折れない心を育んでくれた。私という人間の土台をつくってくれたふるさとは、私にとって何にも代えがたい宝の場所であり、いまも憧れてやまない理想郷として、輝きを放ち続けている。

「お国のために犠牲になるのがお前の役目」

「お前は次男やから、特攻隊に行って、お国のために犠牲になって、国に立派なお墓を建ててもらえ。そうして嘉左衛門の家の誉れになることが、お前の役目や」

幼い頃から、私は祖母にそう言い聞かされていた。

両親が忙しかったので、私は祖母に育てられたようなものだった。祖母はいつも私を連れ歩いては、村でのあいさつの仕方や、二宮尊徳の話など、いろいろなことを教えてくれた。気丈で男勝りで、それでいて優しい祖母が、私は大好きだった。

その大好きな祖母が望むとおり、自分は国のため、家のために死ぬのだと、何の疑いもなく思っていた。

いまにして振り返ると、最愛の孫に命を捨てろと言い聞かせなければならなかった、あの頃の祖母の胸中はいかばかりだったかと思う。どれほどいとおしくても、たった十数年で、永遠に手中からもぎとられてしまう。大人になる姿を見ることはかなわない。「死ぬことがお前の役目」という残酷な言葉に、目を輝かせて頷く幼い孫がけなげで不憫で、だからこそなおいっそうかわいがってくれたのだと思う。

「お国のため…」が口癖で、多忙な両親の代わりに私を育ててくれた祖母（80歳のとき）。

小学校三年生のとき、学校の呼称が「尋常小学校」から「国民学校」に変わり、その年の十二月に太平洋戦争が始まった。

学校は将来の大日本帝国軍人を育成する場所、すなわち子どもを命令通りに行動する存在にするための、マインドコントロールが行われる場所となった。日露戦争の際、沈みかけた戦艦の中で行方不明になった部下を探し続け、戦死した広瀬中佐の美談などを聞かされるたびに、純粋な子どもの心はたやすく揺さぶられた。

「僕も立派な軍人になって、お国のために戦うんだ」

祖母からの言いつけも重なり、日増しに胸を熱くしていった。

高学年になると、特攻隊に行くことへの憧れはさらにつのった。毎朝「必勝祈願」の宮参りをしてから学校に行く。地元の若者たちも次々出征し、「行きます」とひと言、別れの挨拶をして戦地に旅立って行った。生きて帰ることを意味する「行って来ます」という言葉を口にすることは、私たち子どもにも許されなかった。

村の氏神さまである劔神社では、四月十五日にお祭りがあった。そのお祭りの前の一カ月間は、小学校の子どもたちが五つの班に分かれて拝殿前の掃除をする。家の手伝いに明け暮れていた私にとっては、この「お宮の掃除」のときだけが唯一、村の子どもたちと触れ合える機会だった。

浜辺にたたずむ静謐なお宮に、この時期ばかりは子どもたちのにぎやかな声があふれる。掃除であっても、みんなで集まって何かをするというだけで、子どもたちの心は弾んだ。サボったり、はしゃぎすぎて悪さをすると、上級生からいましめとして、境内の床の下に入れられる。そんなことさえも楽しかった。

五年生のときには、福井県模型飛行機滑空競技大会に、すべて手作りの飛行機で挑み、最長の飛行時間を記録して個人優勝したのも楽しい思い出だ。

一方で、深い悲しみも経験した。

私には三歳下の弟、正春がいた。

「トッチャン、トッチャン」

そう私の名を呼びながら、どこに行くにもあとをついてくる。そんな姿がかわいくて、いつも一緒に野山をかけまわって遊んでいた。

その正春が急性脳膜炎にかかり、わずか十五日後にこの世を去ってしまった。わずか九歳の、あまりにも短すぎる命だった。

「トッチャン」

死の床で、苦しい息の中、愛らしい声で私の名を呼んだ。それが弟の最期の言葉になった。正春があのとき、何を伝えようとしたのかはわからない。薄れゆく意識の中で、私を追いかけながら遊んでいる、幸せな夢を見ていたのかもしれない。

自分の分まで頑張って、親孝行してほしい。そう伝えようとしてくれたのだ。その無言の約束を、僕は果たさなければいけない。冷たくなっていく小さな手を握りながら、私はそう自分に言い聞かせた。

いまも実家に帰ると、父母や祖母たちの遺影に挟まれた、あどけない正春の遺影が私を迎えてくれる。優しかった弟が、いつまでも当時の姿のまま、私を見守ってくれている気がしてならない。

敦賀大空襲で刻まれた極限の体験

白い砂浜と、その背後に広がる濃緑の松林が美しいコントラストを見せる気比の松原は、日本三大松原のひとつに数えられる景勝地であり、夏は海水浴場として賑わう。私の母校である敦賀商業学校は、その気比の松原の一角にあった。

福井県立では唯一の商業学校で、伝統ある名門校だったが、戦時中は工業学校に転換されていた。私が入学したのは、日本が敗戦ぎりぎりまで追い詰められていた時期で、学校は軍需工場となっており、とても勉強どころではない。グラウンドは一面のサツマイモ畑に姿を変えていた。一年生の私たちは、毎日朝礼が終わるとその畑をたがやし、松原で松根油をとるための根を掘る。上級生たちは海軍工廠へ動員されていた。

横浜の家からは、通学に片道二時間かかった。私が利用していた北陸本線の杉津《すいづ》駅は、敦賀湾を見下ろす山の中腹にあり、眺望の美しさで知られていた。汽車が杉津駅にさしかかると、「北陸線屈指の車窓風景でございます」という車内アナウンスが流れたほどである。現在、杉津駅があった場所は高速道路のサービスエリアになっており、いまなおその絶景を楽しむことができる。

杉津駅からは、彼方に横浜の集落が見下ろせる。言い換えれば、その集落から駅に向かうには、約三キロメートルの急な山道を、四十分ほどかけて登らなければならない。朝は夜明け前に起き、牛の世話などをして五時に家を出る。夏はわらぞうりで山を登り、駅で下駄に履き換えて汽車に乗る。四十分ほどで敦賀駅に着き、そこからさらに四十分ほど歩いて、ようやく松原の学校に着く。帰りは杉津の駅から、再び山道を海に向かって下る。冬場は、竹でつくった手製のスキーを駅に置いておき、一気に滑り降りて帰った。

汽車は朝、昼、晩の一日三本しかないので、行きも帰りも、絶対に乗り遅れるわけにはいかない。それを知っていながら、わざと居残りを命じる教師もいた。やっと解放されたときには、汽車の発車時刻まであと二十分しかなく、青ざめながら敦賀の駅まで死に物狂いで走り、間一髪で滑り込んだこともある。

戦局は悪化の一途をたどっていた。敦賀港は連合軍の攻撃の標的となり、大量の機雷が落下傘でばらまかれた。海岸に落ちた機雷がすさまじい勢いで爆発し、岩を吹き飛ばす。地元の寺にも機雷が直撃した。轟音とともに、建物が木端微塵に吹き飛ばされる。悪夢のような光景に、腹の底から恐怖がせりあがってきた。

その処理のため、機雷掃海艇が出動するのを山の上から見ていると、米軍の戦闘機が現れて機雷掃海艇を襲撃し、戦闘が始まった。やがて日本の戦闘機の姿が見え、やっつけにきてくれた！　と喜んだのもつかの間、その期待はたちまちしぼむ。ただ一方的に打ちのめされるばかりの有様に、驚きと悔しさで動悸が激しくなった。でも、この仇はきっととってくれる。そう信じて疑わなかった。

大豆を満州から運んできた船が、敦賀湾で撃沈されたこともあった。船は引き上げることができないまま放置され、海の中で大豆が腐りだした。強烈な悪臭があたり一帯に漂う。不快などというレベルを通り越し、頭のしんまで痛くなる臭気に苦しめられた。いまでも納豆の匂いをかぐと、いやでもあの記憶が呼び起こされるため、どうしても手をつけることができない。

その年の三月十日未明の東京大空襲を端緒に、B29による本土空襲が本格化する。六月以降は地方都市に目標が移った。そしてついに七月十二日、日本海側の都市としては初めて、敦賀が大空襲に見舞われた。二時間ほどの爆撃で、市のほぼ全域が火の海となった。

福井大空襲はその一週間後だった。空襲は何度にもわたって繰り返された。警報のサイレンと同時にグラマン戦闘機がやってきて機銃掃射し、逃げ惑う人々を撃ちまくる。軍の施設のみならず、民家まで無差別に爆撃が加えられた。ただ痛めつけるためだけに、アリの巣でも潰すように民家を焼き尽くしていくのだ。炎上する家々をただ無力に眺めながら、体中の血が怒りで沸騰するのを感じた。

学校もまた、軍需工場になっていたために攻撃の標的にされた。警報がけたたましく鳴ると同時にグラマンがやってきた。訓練のとおりに、防空壕に向かって無我夢中で走るが、間に合わない。エンジンの轟音が松林をざわつかせるほどの低空飛行で、グラマンが迫ってくる。背後から私に狙いを定めているのがわかる。奉安殿の脇に出て、岩の柱を回り込みながら必死に敵機をかわそうとしたが、そのたびに弾丸が体のすぐ脇をかすめる。

もう助からない。特攻隊に行くという祖母との約束も果たせないまま、俺はここで死ぬのだ。

本気でそう覚悟した。絶望感と恐怖の中、どれだけ逃げまどっていただろうか。敵機の爆音が迫る、そのすさまじい恐怖から逃れたい一心で、ついには耳をふさいでその場にかがみこんだ。ようやく危険が去ったあとも、しばらくその場を動くことができなかった。

あのときの極限まで追い詰められた緊張感、そして、なんとしてでも生き抜きたいという本能的な衝動と結びついた激しい空腹感は、いまも私の記憶に生々しく刻まれている。

生死の境をかいくぐるそんな体験は、死への恐怖よりもむしろ、「命をかけてぶつかる」ことへの度胸を私の中に植え付けていった。同じころ戦地では、私と二、三歳しか年齢の違わない若者が、特攻隊として敵艦に体当たりし、若い命を散らしていた。その話を聞くたびに、私の中の若い血はさらに熱く燃えたぎった。この「特攻精神」は、のちに社会に出てからも、ここぞという場面で私を奮い立たせてくれた。

戦局が厳しくなるにつれ、食糧事情も深刻になる一方だった。私の家は自給自足の農家だったのでそれでも恵まれていたが、学友の中には、ほとんど食べられない状況に陥っている者も少なくなかった。学校に弁当として持参する食べ物もなく、昼食時間はただ空腹と闘い、日に日に栄養失調で顔色が悪くなっていく。そんな学友たちの様子を見過ごせるはずもなかった。

私たち農家の者は、大きな弁当箱にごはんをいっぱいに詰めて持参した。そしてそれを、みんなでひと口ずつ分け合って食べた。弁当箱を開けると、腹をすかせきった学友たちの顔がぱっと輝く。ひと口ずつだと分かっていても、空腹のあまり我慢がきかず、思わずふた口ほおばってしまう者もいて、「このやろう」と小突きながら笑い合った。

土曜日には、私の家に友達を連れて帰った。汽車賃がないので、友達はデッキに張りつくようにして無賃乗車するのだが、駅員は事情を察していたのか、見て見ぬふり

「同じ弁当の飯を食った仲」の学友たちはかけがえのない財産。のちに仕事でも力を合わせることになった。

をしてくれた。そして我が家で果物などを腹いっぱいになるまで食べさせ、再び駅まで見送った。

本当は食べ物を持ち帰らせてやりたかったが、当時、食べ物の持ち運びは統制されており、臨検にひっかかると没収されてしまう。だから、こうして家で食べさせてやることしかできなかった。おいしそうに食べ物をほおばり、明るい顔色で帰って行く学友の姿を見送ると、私も自分の空腹が満たされたような気持ちになった。

「同じ釜の飯を食った仲」という言葉があるが、当時の学友たちとは文字通り「同じ弁当の飯を食った仲」である。

ただ机を並べて学んだというだけではなく、明日をも知れぬ時代に切実な苦労を分かち合い、ともに生き抜いてきたという、強い実感がある。

それだけに学友たちとの絆はとりわけ深く、数人とは後年、仕事上でも力を合わせることになる。いまも続く学友たちとの絆は、私が人生で得たかけがえのない財産のひとつだ。

落第点からの巻き返し

工業学校に入学したその年の夏、戦争が終わった。

戦争がなくなって寂しい。終戦を知ったとき、まっさきに抱いたのは、そのような感情だった。

華々しく死ぬことが自分の役目と信じて生きてきたのに、その死に場所を失った。もはや死んで家に恩返しをすることも、村に名誉を残すこともできなくなった。唯一の目標を見失い、想定もしていなかった「この先の人生」を前に、ただ途方にくれるばかりだった。

学校は再び商業学校に戻り、「六・三・三制」の学制改革を経て、福井県立敦賀高等学校商業科へ進学する形となった。

高校一年のときには陸上部に所属した。広い松原は格好の練習場所であり、また、喫煙が見つかって先生に追いかけられたときの、都合のよい逃げ場所でもあった。陸上では短距離走より、忍耐力の問われる長距離走で実力を発揮し、県大会の駅伝にも出場したことがある。故郷の野山でつちかわれた体力と忍耐力は、陸上によってさらに鍛えられた。

山岳部の臨時部員にもなり、富士登山にも挑戦した。このときも例によって、引率の先生に隠れてタバコを吸った。先生の目を盗んではタバコを吸い、油だらけの学生帽をかぶり、下駄をゴロンゴロンと鳴らして闊歩する。「硬派」と言えば聞こえはいいが、大人たちから見ればほとんど「不良学生」だったと思う。

勉強は完全に落ちこぼれだった。何しろ、お金を使うことすら滅多にない、自給自足の村育ちである。商売という概念とは無縁の生活だったため、簿記や会計など、商業科の授業はさっぱり理解できなかった。

当然、試験は落第点ばかり。「お前、ほんまに落第点やないか！」そのたびに、あきれ顔の兄にキセルで叩かれた。ついに見かねた父が「先生のところに行って相談してみよう」と言い出した。そしてある日、先生に相談に乗っていただくためのお礼として米を一俵リヤカーに積み、父と私は先生の家へ向かった。食糧難の当時、米と交換であればどんな品物でも手に入り、何よりの手土産だった。お米さえあればなんでもできる。それは農家育ちの私にとって、ごくあたりまえの認識だった。

訪ねた福井先生のご自宅はお寺だった。先生は笑いながらこう言った。

「水上君がよく授業がわからんのは当たり前や。先生も同じようなもんやった」

先生もまた、お寺の息子で商売とは無縁の育ちだったので、勉強には苦労されたらしい。そして「商家の友達とつきあってごらん」と助言してくださった。

それがきっかけとなり、教室で隣の席だった豆腐屋の息子、「ヨッタン」とのつきあいが始まった。彼の家に遊びに行き、商売というものをじかに見聞きしていると、しだいにその面白さがわかってきた。

彼の家に泊まりに行き、一緒に試験勉強をしていたときのことだ。深夜になり、二人で風呂屋に出かけた。出がけにヨッタンは、店先につり下げられていた釣銭用のザルに無造作に手を突っ込み、小銭をわしづかみにしてポケットに入れた。その金で私たちは風呂に入り、うどん屋で夜食を食べて帰った。

この「使い込み」は、しかし早々に発覚した。ヨッタンが翌日、学校から帰ると、待ち構えていた父親にとがめられたという。ザルに山盛りになっている小銭が多少減っても、見た目にはまったくわからないはずだ。いったいなぜヨッタンの父親は気づいたのか？

そのからくりはもちろん「帳簿」だった。店の金は、小銭に至るまで帳簿で管理されている。ヨッタンはその帳簿つけを自分が担当していたので、翌日、学校から帰ったら帳尻を合わせておけばいいと考えていた。しかし学校に行っている間に、父親に先に勘定されてしまったというわけだ。

農家である私の家では、金銭管理は商家とは比較にならないほど大ざっぱだった。ヨッタンと同じように、玄関先に無造作に置いてある現金を多少つかんで出かけたところで、気づかれることなどまずなかった。それが商家では、一円でも出納金額の計算が合わなければたちどころに発覚する。それを知って「帳簿というのはすごいもんだな」と、思わず目を丸くした。経理に興味を持ったのは、それがきっかけだった。

そんなふうにして、勉強がしだいに面白くなっていった。法規という学科についてもそうだった。私が住んでいた村では、土地に対する権利意識などというものは無いに等しかった。山の中の土地は、モミジの木の先端を結び、それを境界線代わりの目印にしているだけで、それを切られてしまえば終わりである。法規の授業で、権利とそれを守る法律があることを知り、カルチャーショックを受けると同時に、その必要性について深く納得させられた。

商業の学科や法規はどんどん好きになり、試験の点数も上がっていった。しかし、試験で高得点を取っても、素行が悪いために減点され、評価はたいてい「優・良・可・不可」の「可」止まりだった。

あるとき、「可」の評価に納得できず先生に談判に行くと、先生は私をギロリと見返してこう言った。

「水上、お前、わしが黒板に向かっているときに、窓からこっそり外に抜け出しとるやないか」

ばれていたのかと驚愕し、さすがにそれ以上何も言えなかった。

このように私は、落第点ばかりの劣等生だった。しかし、自分ではそれもよかったと思っている。

「0点」だったからこそ奮起できたのだ。これがもし「6点」や「8点」の中途半端な劣等生だったら、そのままで終わっていたかもしれない。苦境に突き落とされることで、反省し、あらためて這い登るチャンスを与えられたのだと思っている。

人生を変えた担任教師の言葉

卒業が近づいてきた。敦賀商業は名門であり、卒業生の多くは銀行や商社へ就職する。私は祖母から「分家して役場にでも勤めればいい」と言われていたため、就職にはさほど関心がなかった。

しかし親には、村一番の旧家としてのプライドもあり、どこかいいところへ就職してほしいという思いがあったようだ。三和銀行（現・三菱東京ＵＦＪ銀行）の敦賀支店長をしていた身内に頼み、縁故で就職試験を受けさせてもらえるよう、手はずを整えてくれた。

学校から三和銀行へはすでに三名推薦済みであった。採用枠の関係で、さらに私が受験して合格すると、代わりに誰かひとりが落ちることになる。それではかわいそうだと、担任の橋本先生は、私のこの縁故受験に良い顔をされなかった。

とはいえ親の希望であり、支店長にも話が通っていたので、私は就職試験に臨むことになった。面接会場の三和銀行敦賀支店の建物は、戦前に大和田銀行の本店として建てられ、戦災にも焼け残った洋館である。内部は大理石がふんだんに使用され、当時このあたりではまだ珍しかったエレベーターが設置されていた。

面接に呼ばれるのを待つ間、三階の試験場の前で、ほかの受験者たちと一緒にタバコを吸った。私が最後に吸っていると、人事担当者が階段を上ってくるのが見えた。階段に敷いてある赤じゅうたんが靴音を消していたため、直前まで気づかなかった。あわてて手のひらでこすってタバコをもみ消す。かろうじて喫煙の現場は見られずに済んだが、洋館の高い天井に漂う煙は隠しようもなかった。

「誰と誰が吸うたんや」

厳しい声で詰問され、受験生たちは静まり返る。

「私だけです」

自分が受験したら、代わりに泣く者が出るかもしれない。先生からそう聞かされていて、その場にいることに後ろめたさがあったせいかもしれない。とっさにそう名乗り出ていた。

当然、結果は不合格であった。このタバコの一件は、早々に学校にも伝わり、私を退学させるという騒ぎになった。校長室に呼ばれ、頭を丸刈りにして朝一番に出向くと、「親を連れて来い」と告げられた。

「それだけは堪忍してください。どんなことでもしますから」

そう言って、校長室の床に頭をすりつけ、夕方まで土下座し続けた。

それでようやくその場はおさまった。しかし、親や身内の顔に泥を塗ってしまったという、その取り返しのつかない事実に愕然とする。

親にしてみれば、旧家の息子にふさわしく、勉強して大学にでも行ってくれればと願っていたであろうに、落ちこぼれでそれもかなわなかった。ならば就職でも、ということで話をつけてくれたのに、それすら不良じみた行為で潰してしまった。親の失望はどれほど深かったことだろう。

「家の誉れになれ」

祖母にそう言われてきたはずなのに、死ねなかったばかりか家の恥になった。そんな自分がただ情けなかった。

一から人生をやり直すしかない。

強くそう思った。それは、決意というより渇望に近い、切実な思いだった。その思いを橋本先生に告げると、先生は私の目を見てこう言った。

「本当に自力で立ち直る気があるのなら、大阪の船場へ行け」

この言葉がなければ、いまの私はない。

そして、船場の毛織物問屋である石原商店を紹介してくれた。提示された給料は、他社に決まった友人たちの半分ほどで、それで生活していけるのかと思わず不安になった。

「住み込みで食事代も部屋代もいらないのだから、やる気さえあれば問題はない」

先生はあっさりとそう言った。

当時の私は、船場がどういう場所なのかもまったく知らなかった。私を溺愛していた祖母は血相を変え、

「そんなところは人間の屑の行くところや。行かんといてくれ」

と言ってすがりついてきた。口減らしで小学校もろくに出ず、丁稚《でっち》に来たような人間が集まっている、そんな得体の知れない場所に、名門の商業学校を出た大事な孫を行かせるなど、祖母には耐えがたいことだったのだろう。

しかし、たとえ船場が祖母の言うとおりの場所だったとしても、人生をやり直すつもりの私にとっては、むしろ好都合だった。学校を卒業すると、「三日で帰ってくるから」と祖母をなだめ、母親からもらった行李《こうり》に綿入れの寝巻と洗面道具を入れて家を出た。北陸の三月はまだ寒い。服の隙間から、ひやりとした空気が忍び込んできた。

船場で人生を一からやり直そう。

自分の人生を、自分の意志で動かそうとしたのは、このときが初めてだった。そもそも、少年時代の私には、動かすべき「人生」など与えられていなかった。国のために命を捧げ、人生は二十年足らずで終わるはずだった。

その運命が、終戦で突然目の前から消えた。日本は軍国主義から民主主義へと変わった。そう言われても、民主主義がどんなものなのか、よくわからなかった。ただひとつ、おぼろげに感じたのは、これからは自分の歴史は自分でつくるのだ、ということだった。

それまでただ国のため、家のためということしか考えていなかった私は、終戦によって初めて「自分」というものを意識した。そして船場行きを決めたとき、終戦で突如として目の前に広がった人生を、自分の意志で切り開いていくというビジョンが、私の中でようやく明確な像を結んだ。

抱えた行李ひとつのほか、私は何も持っていなかった。自分には何ができるだろうか。

何かをすることによって、人に喜んでもらう。私にできることは、おそらくそれだけだ。自分を世の中に認めてもらい、私を育ててくれたこの故郷に報いる道は、それしかない。

そう思いながら、駅に向かう山道を踏みしめた。

第二章　船場で鍛えた商人魂

「記録破り」の新入り丁稚

大阪経済の中心地であり、問屋街としても知られる船場の歴史は、豊臣秀吉が大坂城を築くにあたり、商人を呼び集めてこの地に城下町をつくり上げたことに始まる。江戸時代には日本の商業の中心地として繁栄し、「船場商人」の名は全国的に高まった。明治維新後、大阪紡績（現・東洋紡）が大阪市に設立されたのを端緒に、大阪の繊維産業は活気づく。「五綿八社」と呼ばれる繊維商社が船場を拠点に躍進するとともに、繊維問屋が多く集まり、この地は「繊維の本場」としても知られるようになる。

しかし第二次世界大戦により、船場もまた焦土と化した。終戦直後は、中心地である御堂筋あたりに、焼けただれたビルがわずかに残るだけだったという。

戦後日本の主要産業として、日本を牽引してきたのが繊維産業と言われる。戦後需要や朝鮮戦争による特需の影響を受けながら、日本経済の驚異的な復興とともに船場も回復と成長をとげていく。とはいえ、私が初めて足を踏み入れた昭和二十六年当時の船場は、淀屋橋から本町四丁目までの一帯は、焼け残ったためぼしい建物も含めて進駐軍に接収されており、それ以外の場所は焼け跡にバラックや簡易住居が並び、本格的な復興に向けて動き出したばかりだった。

私が就職、つまり丁稚奉公することになった繊維問屋「石原商店」もまた、そんなバラックのひとつだった。あたりには高層の建物などはなく、直線距離で二キロメートルほど離れた大阪城まで見通すことができた。

当時の船場には、洋装の服地問屋や呉服問屋のほか、布製のグローブのような商品を扱う店など、さまざまな問屋が軒を連ねていた。石原商店は、おもに毛織物を扱う問屋で、社長は尋常小学校を途中でやめて、この店に丁稚奉公に来たというたたき上げの人である。

私は住み込みで働くことになっていたが、到着していきなり驚くことになった。住む部屋がないのである。

店の番頭のひとりは三十歳くらいだったが、当時まだ住み込みだった。その番頭ですら住む部屋がないという。となれば、新入りの部屋などあるはずもなかった。

しかし、それでいったいどう生活するのだろうか。戸惑っていると、その番頭は在庫商品が所狭しと並ぶ通路に、やおら折りたたみベッドを引っ張り出してきた。どうやら、ここで寝起きするらしい。私やほかの新人も、同じようにするしかなかった。ただの通路なので、とても人が寝起きする環境ではない。冬は寒さで体が冷え切り、到底眠れない。柱をよじのぼって天井裏に上がってみると、わずかながら空気が温かく、下の通路よりはましだった。そこで、冬場はその天井裏にベッドを引き上げて寝た。しかし夏場になると、今度は屋根の余熱で天井裏は蒸し風呂状態になり、いくらかましな下の通路で寝る。そうやってなんとかしのいだ。

就寝前のせめてもの楽しみとして、ラジオの野球中継が聴きたかったが、ラジオを買ってほしいという願い出を受け入れてもらえるまでには一年ほどかかった。

従来、船場の繊維問屋への就職と言えば、社長のようにいわゆる口減らしで、小学校を出るか出ないかで丁稚奉公に来るというのが一般的だった。それが戦後になり、高卒程度の学歴のある者を採用するところが出始めた。私の年代は、そのほぼ第一期生に当たる。

それまでは、食べさせてさえもらえればいいというのが大方の丁稚の感覚だっただけに、ラジオのような娯楽を丁稚が望むということ自体、雇う側には考えもつかないことだったのだ。

いまの感覚では信じられないような待遇だが、腹も立たなかったし、文句を言うなどという発想もなかった。耐えているという感覚すらなかった。

丁稚奉公の暮らしというのは「そんなもの」。私はそう思っていた。振り返ると、これ以降も客観的には理不尽と思われることや、厳しいことも多く経験したが、私自身はそのほとんどを「そんなもの」と受け止めていた。それで気がつけば乗り切っていた。

それまでの丁稚と違い、私のような高卒者は、入ってきた時点ですでに法律や簿記、帳簿関係の知識もある。スタート時点の立ち位置からして有利である。その勢いで、船場の地を肩で風を切って歩いてみたい。そんな野心を抱いていた。ここで名を成して、家族に、故郷に恩返しをしたい。その思いは私の中で勢いを増していた。

私に与えられた最初の仕事は配達係であった。自転車に商品を積んで、得意先の小売店などに届けに行く。いわゆる使い走りだ。

とはいえ新人教育などというものはない。ただ大阪の地図を一枚渡されるだけであ

昭和26年、大阪・船場の石原商店に就職。配達時間を短縮する「記録破り」に熱中した。

る。その地図を頼りに、配達先の場所を自分で調べて向かう。先輩には、途中で道がわからなければ、道行く人に尋ねるように言われた。ただし、教えてもらうからには相手に丁寧に頭を下げること。また、大切な時間を割いて教えてもらうのだから、相手に足止めはさせず、一緒に歩きながら教えてもらうこと。そう厳命された。

私はこの配達係の仕事で、先任者の「記録破り」をすることに熱中した。

先任の配達係が、ある場所まで十五分かけて届けていたとすれば、私はそれより一分でも一秒でも早く届けて店に戻り、往復時間の「新記録」を打ち立てることを狙った。荷物を山積みにした自転車を必死でこぎ、時には道路の真ん中を通る市電の線路の上を走り、後ろから市電に追い立てられ、運転士から「どけ！」と警告を受けても、無視して夢中で走り続けた。そうやって、無理な約束の配達でも、意地になって間に合わせた。

もともと戦争で死ぬはずだった我が身である。たとえここで市電に轢かれて命を落としてもかまわないと思っていた。文字通り命がけである。

こうして「記録破り」していけば、すぐに店で、船場で、トップに立てる。がむしゃらに自転車をこぎながら、そう意気込んでいた。

ところが、そうは簡単に「問屋がおろさない」。

まだ右も左もわからない新人だった私は、その後すぐ、思いもよらない試練を与えられることになる。

バナナ一本のプライド

配達の記録破りに熱中していたある日のこと、私は社長に突然呼び出された。

「いいか、お前はまだ誰にも顔を知られていない。だから、これをリヤカーに積んで売ってこい」

切羽詰まった表情の社長が指し示した先には、大量のフラノ生地の在庫があった。当時、業界には「フラノ旋風」という名の暴風が吹き荒れていた。朝鮮戦争の特需による好景気で繊維産業も活気づき、純毛を素材にした、フェルトのような風合いのフラノ生地の生産能力が上がった。しかし「戦後初の夢の生地」ともてはやされたのもつかのま、大手メーカーが一斉に生産したため供給過剰に陥り、船場の服地問屋にはフラノ生地の在庫があふれることになったのだ。

この暴風をしのげず、倒産する問屋も出ていた。危機的な状況は、もちろん石原商店も同じであった。なんとかしてこの在庫を売らなければならない。しかし、正攻法では売れない。だから道ばたで売りさばこうというわけである。

もちろん、問屋が路上で商品を売るなど禁じ手であり、そんなことをしていることがばれれば、店は船場から追放されかねない。だから、極秘で行わなければならない。では誰にやらせるか。そこで白羽の矢が立ったのが、まだこの店の者として「面が割れていない」私だったのである。

こうして私はいきなり露店販売に放り出されることになった。まさに「飛んで火に入る夏の虫」。事情もよく呑みこめないまま、社長の深刻な様子にただならぬものを感じ、リヤカーを引いて店を出た。

生地を積んだリヤカーは中身が見えないよう厳重にカバーをし、人目を避けて早朝ひそかに出発する。そして商店街で、休業している店の前などにゴザを敷き、生地を並べて売るのである。

そんなやり方で、しかも田舎の高校を出てきたばかりの若者がひとりで売るなど、いまの感覚からすれば無謀もいいところだが、売れないでは済まされない。とにかく売ってみせる。そう腹を決めた。

まだ純毛の生地は希少で、羨望の的でもあったことに加え、正規ルートで買えば四千円以上するものを、私の露店では三千円で売っているのだから、買い得である。ただしその商品が「本物」であることが伝わらなければ、買い得であることも理解してもらえない。

そこで「某メーカー処分品」と大きく書いた紙を店先に貼り、商品が確かなものであることを、お客様には堂々と説明した。実際に本物であることに間違いはないので、そう説明することに迷いはなかった。

「この店は、本物を卸値でお譲りする卸商です。たとえばこの三千円の商品は、商店街の中の店では四千円で売られているものです。もし信じられなければ、どこのお店に行って調べて下さってもかまいません。この商品の価値がわかる方には必ず喜んでいただけます。もし喜んでいただけたなら、今度はお友達を連れていらしてください。絶対に期待を裏切ることはありません。それくらい自信のあるものです」

すると、次々に露店に人が集まるようになり、思いのほか多くのお客様が、喜んで買ってくれた。

嘘をつかないこと。誠心誠意で売ること。私にできるのはそれだけであった。

相手が喜ぶものは何かを考えて工夫をし、自信を持ってすすめれば、必ず欲しいと思ってくれる人が現れる。その手ごたえを初めて感じた。

露店の場所は一週間ごとに変えた。石原商店の専務がテキヤに話をつけており、売り上げから場所代を払うかわりにテキヤが適当な場所を見つけてくれることになっていた。当時の私は、テキヤがどういった種類の人なのかも、まったく知らなかったので、臆せず彼らの事務所まで場所代を届けに行っていた。

私の売り上げがよく、その分場所代の払いも多かったことで、テキヤの親分にはかわいがられた。

「どうや、売れとるか？」

親分はよく露店の様子を見に現れ、時には「これでぜんざいでも食べてきい」と私に小銭を渡し、その間店番を代わってくれることもあった。

こうして毎日、三十万円近くを売り上げた。店じまいは夜の九時。またも夜の闇にまぎれて店にリヤカーを引いて帰る。ある日、近道をして帰ろうとしたら遊郭街に紛れ込んでしまい、お姐さんたちにリヤカーを引っ張られたりして散々からかわれ、ほうほうのていで逃げ帰ったこともある。私自身はいくらたたかれてもかまわないが、リヤカーに積んだ商品を取られるわけにはいかない。必死にリヤカーを守り、冷や汗をかきながら抜け出した。

店に帰りつき、ご飯を炊いてかきこみ、翌日の支度をしたらもう夜の十二時で、商品の間の通路に折りたたみベッドを出し、泥のように眠る。

その繰り返しの毎日で、私の唯一の楽しみは、その日店で一番売り上げが多かった者に与えられる「ご褒美」であった。

「ようやったな。今日もお前が一番やったよ」

そう言って与えられるそのご褒美は、バナナかウィンナーソーセージ一本。たったそれだけの、あまりにもささやかな「ご褒美」だったが、私には何よりの勲章だった。商売など何も知らないズブの素人でありながら、私はどの先輩よりも多く「一番」を取った。たかがバナナやソーセージ一本のために必死になるなど、いまでは噴飯ものだろう。だが、「何がなんでも勝ち抜く」という思いを胸に船場に出て来て、いきなり露店販売に放り出された私にとっては、その「一番」を取ることだけが、せめてものプライドであった。

こうして約一カ月で、店はようやくフラノの在庫を売り切った。その半分は私が売ったと言っても過言ではない。私が毎日、売り上げを持ち帰るたびに、社長や専務の表情に安堵の色が広がっていくのを見て、私も店が危機を脱しつつあるのを感じ取っていた。

私が持ち帰る現金収入は、店の大きな支えになっていたはずである。とはいえ私に与えられたボーナスといえば、夏に縮の肌着一着、冬にメリヤスの上下一着だけだったが、このときもただ「そういうもの」と思っていた。

店は無事、暴風をしのいで生き延びた。同時に船場界隈では「あの店にやり手の若造がいるらしい」という評判が広がっていたと聞く。

「大阪はおもろいところや。やり方さえ工夫すれば、いくらでも商売ができる」

露店販売の日々は、私に商人としての根性を芽生えさせ、大きな自信と勇気を与えてくれた。私のその後の仕事人生において、かけがえのない財産となったのである。

このような経験は、望んでできるものではない。あの危機のタイミングで入社していなければ、露店販売を任せられることなどなかった。

スタートからこれほど得がたい経験をさせてもらえたことは、いま思い返しても幸運だったとしか言いようがない。

「無駄なことはしなさんな」

得意先の洋装店に商品の配達に行くのは楽しかった。早く届けて喜んでもらいたかったので、たとえ早朝でも、休日でも、まったく苦にならなかった。

そのうちに「どんなときでも、いやな顔ひとつせず届けてくれてありがたい」と、得意先の店主にかわいがられるようになった。

私が働く石原商店は、毛織物や麻など、原料の高い高級な素材を使用した生地の卸問屋だったので、おのずと得意先も、裕福な客層を相手にしている高級店がメインになる。そのことも、私にとっては幸いだった。人や物を見る目が高い人たちに好印象を与えられるような、相応のマナーや細やかな心配りを身につけることができたからだ。

配達した商品は、その場で私が梱包を解いて納品する。たとえば五色の生地を買ってもらったとしたら、荷ほどきしたときにその五色がきれいなグラデーションを描くように、配色を考えながら並べて梱包した。荷ほどきをした瞬間、店主はそのきれいな色合いの商品を見て、満足げな表情を浮かべる。私は広げた包装紙をきれいにたたみ、梱包用の紐もきちんと巻いてかたわらに置き、「ありがとうございました」と頭を下げておいとまする。

それを繰り返しているうちに、ただの配達係である私に、店主たちが声をかけてくれるようになった。

「お前、ようそこまでするなあ」

「うちの店員の模範になるから、よく来てくれや」

そんな言葉がうれしくて、ますます配達が楽しくなった。なんの実績もない私が信用を得る道は、相手がどうしたら喜んでくれるかを考え、それをひたすら実行することしかなかった。そのうち、自分の仕事が休みの日にも得意先のお店に出かけ、販売の手伝いをするようになった。店主のお子さんを遊園地に連れ出して、一日遊んであげたこともある。

大阪でも有数の商店街である千林商店街で「パロマ洋装店」を経営していた宮田社長も、そんな私に目を掛けてくれた得意先店主のひとりだった。ある日、私が配達に行くと、気さくに声をかけてくださった。

「君が、今度敦賀から来たという丁稚か」

「はい、そうです」

「ワシもおんなじ敦賀や。頑張るんやで。君が営業するようになったら、君から買うたるからな」

同郷と知り、あたたかい親しみを覚えた。そして、このときの宮田社長の言葉は気まぐれではなかったことが、のちにわかることになる。

私が勤める石原商店の社長は、丁稚からたたき上げた苦労人で、まさに「船場商人」を体現しているような存在であった。ここに就職してもうひとつ幸いだったことは、この社長からさまざまな教えを受けられたことだ。

船場商人は、無駄なことは絶対にしない。

「無駄なことをしても、誰も喜ばんのやから、そういうことはしなさんな」

何かにつけてそう言われた。たとえば梱包用の紐も、適当に結んでから余分なところをぱつんと切れば、その分だけ無駄になる。最初から無駄が出ないよう、きっちりの長さで結ばなくてはいけない。一回の無駄がたとえ十センチでも、それを毎日、十年続けていたとしたら相当な量になる。

それを「会社の損失だ」と言えば、なんとケチくさいとこちらが鼻白むことを見越していたのだろう。社長はあえて別の言い方を選んだ。

「日本経済の損になるやろ。そう思わんか?」

これには私も、なるほどと納得しないわけにはいかなかった。

店先の道路に水を撒くときも、私はバケツにくんだ水を無造作に撒いていたが、たちまち社長に見とがめられた。

「水道の水はタダではないんや。それじゃあ金を撒いてるようなもんや。ひしゃく一杯の水を、どれだけ広く撒けるか考えなあかん」

そう言って、私の目の前で実際に撒いて見せた。絶妙なひしゃくの振り方で、水がパッと薄く広がる。見事なものだった。敦賀は良質な水が豊富に湧き出るため、私はそれまで水を節約するなどという感覚は持ったことがなかった。

ほうきの使い方も細かく指導された。乱暴にほうきを横に寝かせて掃いてはいけない。穂先の竹が途中で折れて、すぐ短くなってしまうからだ。先端のほうから少しずつ減るように、まっすぐ立てて掃く。掃き終わったら、穂先を必ず上向きにして立て掛けておく。

細かいと言えばそうだが、考えてみれば、なるほど社長の言うとおりなのだ。ほうきを乱暴に使って無駄にすり減らしたところで、誰も喜んではくれない。上手にきれいに掃いてほうきが長持ちしたとすれば、それだけ会社や世の中の恩恵になる。それをもたらせたという喜びを、自分自身も得られる。

社長から教えられたことを実行しているうちに、しだいに私も「船場商人」らしさを身につけていった。

いまに至るまで、その教えを忘れたことはない。

人とのつながりと信用の大切さを実感

業界を大混乱させた「フラノ旋風」は、その後一年ほどでようやく終息した。船場の繊維問屋は軒並みと言っていいほど、大損失を出したり資金繰りが悪化するなどの打撃を受けていた中、私の勤め先である石原商店は、奇跡的に損を出すことなく切り抜けた。

それはもちろん、私のような新米の丁稚をひそかに露店販売に出すという、なりふりかまわない「ゲリラ作戦」が功を奏したためである。ひとたび露見すれば店の信用は著しく失墜し、商売を続けられなくなるリスクもあったことを思えば、社長がこの勝負に打って出たのは、危険な賭け以外の何ものでもなかった。

しかし結果的には運も味方し、他店をさんざん苦しめていたフラノを、私たちは無事売り切った。

「石原はようさばいた。たいしたもんや」

仕入先である商社からも感嘆の声が上がった。これをきっかけに、石原商店は業界で一躍、注目の存在となり、商売もさらに好調になった。大手商社の丸紅は、石原商店に対する取引限度額を一気に倍増してきた。石原商店の信用が高まり、格付けが一挙に上がったのである。

こうした追い風を受け、店は商売拡大を進めていくことになる。そんな矢先、明治創業の生地メーカー、藤井毛織が純毛の防虫加工済みのベロアをつくり出した。ベロアとは、ベルベット（ビロード）のような毛羽を持つ、滑らかな光沢感の生地で、コートなどに使われる。優雅な風合いで人気の高い生地だが、今回は特に初の「防虫加工済み」ということで、発売前から注目を集めていた。

石原商店はその話題の新商品を、藤井毛織から丸紅経由で、一番多く回してもらえることになった。

この生地の売れ行きはすさまじかった。朝、店の戸を開けるやいなや、買い付けに来た商店主たちがなだれを打って押しかけてくる。そのほとんどは、神戸の高架下で商売をしている韓国人の商店主たちだった。ベロアは女性に人気が高く、とくに神戸では水商売の女性たちから熱烈に支持されていたため、神戸の商店主たちは、グループを組んでベロアの買い占めを行っているようだった。

彼らは早朝にベロアを買い占めておいて、後からベロア目当てで石原商店に来た別の客に高値で転売するということもしていた。

売り上げだけを考えれば、景気よく金を払ってありったけの商品を買い上げてくれるのは、ありがたい客かもしれない。しかし、金にものを言わせて独り占めするという、その手荒なやり方に、私は強い違和感を覚えた。「売れたのだからいいじゃないか」という納得の仕方は、なかなかできなかった。

しかしよく考えてみれば、これも商売のやり方のひとつであった。こうしたやり方もまた、資本主義社会の一端であると勉強になった。

その後も店の売り上げは順調に伸び、私が入社三年目に、店は会社組織になった。

その頃から私も営業、つまり得意先開拓に出るようになった。先輩の紹介や手ほどきなどは一切なく、ゼロから自力で新規の得意先を獲得しなければならない。

サンプル生地を携えて、商店街をいくつも回り、目星を付けた洋装店に飛び込みセールスをするのである。しかしほとんどは「すでに懇意にしている仕入れ先があるから」と、にべもない。

当時の小売店とは、生地を売ってくれる洋装店である。といっても、たいていの洋装店は生地の販売よりも仕立てが商売のメインだった。お客様は店先で生地を選び、店のデザイナーと相談して、その生地を希望の服に仕立ててもらう。店としては、得意客の好みに合わせた生地を仕入れることが肝心なので、長い付き合いでニーズを把握してくれている仕入れ先のほうがやりやすい。仕入れルートはどこの店もすでにほぼ固定化されており、新参が入り込む余地は無いに等しかった。

厳しい現実を突きつけられ、それでもひたすら飛び込みを続けるしかなかった。阪急線沿線の商店街を、足を棒にして歩き回る。もう一軒、次こそは、という思いで洋装店に飛び込んでは、門前払いの繰り返し。故郷の山で鍛えたはずの体と心に、いままで経験したことのない種類の疲労がずっしりと積み重なっていく。突破口を見つけられない焦りと苦しさで、折れそうになる気持ちと重い足をひきずりながら、それでも次の一軒を目指した。

そんなある日のことだ。朝から歩き回って門前払いを食らい続け、ひと息つくために野球場のベンチで持参の弁当を広げた。すると、私の隣にホームレスらしい男性が座り、彼もまた弁当を広げ出した。ちらりと目をやると、彼の弁当は大きなアンパンとジュース。一方の私の弁当はといえば、トウモロコシの粉でつくった自家製の蒸しパンと、大根の漬物ひときれだけ。

成果の出ない飛び込みセールスで疲れ果てていたところに、このみじめさはこたえた。

「いまに見ておれ」

誰に向けてでもなく、そうつぶやいていた。同時に、不思議なエネルギーが体の中に充ちていくのを感じた。

やみくもに歩き回っても成果は出ない。それを思い知り、営業戦略を徹底的に練り直すことにした。石原商店の商品は毛織物がメインで、価格帯としては高級品のカテゴリーになる。そこで、各商店街の中でもナンバーワンからナンバースリーまでの高級店に狙いを定めて売り込むことにした。

しかしそれでも壁はなかなか破れない。さらにもがき続け、ようやく突破口を開くきっかけとなったのは、あの同郷の「パロマ洋装店」宮田社長とのご縁であった。

新商品ができたので、真っ先に宮田社長のところへ持参すると、とても喜んでくださった。そして、配達係だった頃にかけてくれた言葉どおりに、営業になった私から、その新商品を買ってくださった。

その商品はパロマ洋装店でもよく売れ、社長のお役に立つことができた。そして社長が、他の店にも私を紹介してくださったのである。

あれほど苦戦していた得意先開拓が、それ以降は順調に進んでいった。宮田社長は大阪有名洋装店会（ＯＹＫ）の会長という立場にあり、そうそうたる洋装店とつながりが深かったため、その紹介というだけで話がスムーズに進んだ。社長からの直接の紹介ではない店に行っても、「パロマの宮田社長のところに納めさせていただいています」と言えば、取引に応じてもらえた。

人とのつながりと信用。それがどれほど大切であるかということが、骨身にしみた。

こうして新規の得意先も増え、石原商店の業績はますます上向いていった。社員が増えて配達システムも安定し、熱心に働く社員の評判もよかった。仕入れ先である商社やメーカー、そして売り先である小売店、双方で石原商店の名が高まった。この調子で行けば、三年もすればバラックだった社屋が三階建てのビルになるのも夢ではないと、気分が高揚した。

私自身もようやく、ビジネスマンとしての誇りと自覚を持てるようになった。がむしゃらにやればなんとかなった露店販売とは、取引の形態も、動かす金額もまったく次元の違う「ビジネス」の世界に、ようやく足を踏み入れ、そこで実績を上げることができるようになったのだ。

誠意にまさる売り物はない

配達係の頃から、勤め先の問屋が休みの土曜日や日曜日も、私は得意先の洋装店へ手伝いに行っていた。

社長から指示されたわけでも、洋装店側から頼まれたわけでもない。ただ自分の勉強のために、自発的に出かけていた。もちろん無給である。

当時の私にとって、勤め先や得意先のため、そして自分の成長のためにできることと言えば、せめて人より多くの時間働くことだけだった。「少年老い易く、学成り難し」で、人生の時間には限りがあり、最大限有効に活かさなければならない。

大阪の心斎橋通りには当時、多数の洋装店が軒を連ねていた。その中の得意先に、予告もなしにふらりと出向き、店員さんの販売業務を手伝った。それでその店の売り上げが上がれば、店員さんはもちろん、店の経営者にも喜んでもらえる。私としても、自分の問屋がおろしている生地がそこで多く売れれば、売り上げ成績を伸ばせる。当然、我が社の利益にもなる。実際、私のこの小売店へのサポートが功を奏し、私の勤めている問屋は、界隈でトップの売り上げを誇るようになっていた。

洋装店の店員さんには、「あの値札が曲がっていますよ」「大阪弁より標準語で説明するほうが、商品の魅力が伝わりやすいですよ」「こんな言葉で説明していただくと、この生地はよく売れますよ」などと、販売や接客のコツをさりげなくアドバイスした。

そして「できる限り、返品はしない」ということを提案した。洋装店では、売れなかったものは問屋に返品する。しかし、返品されて喜ぶ問屋はいない。問屋としてはメンツもあるし、今回売れなかった分を、次に何とかして取り返そうと考える。結果として洋装店と問屋の関係は硬直する。

だからなるべく返品せず、売れ残ったものも売り切る工夫をするようアドバイスした。たとえば残った生地をはぎれにして、原価に近い値札を付けて売る。スカート三枚分のはぎれでスーツが一着作れるとすれば、正規品でスーツを一着作るより断然安く済む。それなら喜んで買うというお客様は必ずいる。

問屋にしてみれば、返品されるよりはありがたいので、ほぼ原価で売ったと言えば、そのぶん値引き交渉にも応じるから、洋装店の利益も確保できる。そのようにしていれば、「あそこは返品のない店だ」という評判になり、問屋からの信用も高まる。結果としてお客様も、洋装店も、問屋も、みんなが喜ぶ。

そんなアドバイスをしながら手伝い、得意先に喜んでもらえるのが、私は純粋に楽しかった。だから、せっかくの休みを犠牲にしているという感覚はまったくなかった。

「努力」「誠心誠意」、そして「信用」。私のこれまでの仕事人生で、人と差をつけたものがあるとすれば、それはこの三つに尽きる。

露店販売から始まって、私が人より多く売ることができたのは、ひたすら誠心誠意、嘘をつかなかったからだ。

誠意にまさる行為はない。相手も人間である以上、誠意を持って向かっていけば納得してくれる。そして田舎から出てきた私には、自分の売り物になるものと言えばただひとつ、誠意しかなかった。

当時、私が手伝いに通っていた心斎橋の洋装店は、現在ではどこも代替わりしているが、たまにのぞいてみると、店主からこんなふうに声をかけられることがある。

「おじいちゃんから聞いてるんですよ。水上さんが、こうしなさいって教えてくれたんだって」

いまなお、私がしてきたことは、界隈で語り継がれているのだという。そのありがたさが心にしみるとともに、やはり「誠意にまさるものはない」とつくづく思う。

誰もが喜ぶ「四方よし」の商売の形

営業マンとして新規の得意先開拓をしていた私に、「パロマ洋装店」の宮田社長は、大阪や神戸の名だたる有名洋装店を紹介してくださった。一般の店とはランクが違う、そうした新たな得意先の役に立つために、何ができるだろうか。

一流のメーカーの商品で、上質でセンスがよく、なおかつ他にはない価値のあるもの。それを提供できれば、洋装店も他店と差別化をはかることができ、エンドユーザーであるお客様にも喜ばれる。では、それを提供するにはどうすればいいのか。

それを模索していたところ、藤井毛織から秋冬物としては国内最高級の商品が登場した。藤井毛織は、現在でも伝説の生地メーカーとして、ファッションにこだわりを持つ人たちの間でその名を語り継がれている。昭和四十年代には、オーストラリア産の世界最高品質の羊毛「ウイントン」を独占的に買い付けて、世界的に注目を集めた。

クオリティに関して一切妥協のない、その藤井毛織の新商品である。高級店にはぴったりの品だった。しかし、すぐに他のメーカーが追随し、同じものをより安い価格で出してきた。

そうなると、価格の競争力では、他社製品には勝てない。そこで、藤井毛織と共同でオリジナル商品を開発することにした。

藤井毛織側の担当者と何度もディスカッションを重ね、企画を練り上げていった。私が打ち出したのは、既存の冬物の中から、売れ筋上位の十商品をセレクトし、それぞれ織りのタテ糸は変えず、ヨコ糸のみを別のものに変えて新しい商品をつくるというプランである。ヨコ糸を変えるだけなら、製造過程でも手間がかからず、効率的に生産できる。

しかし、ただオリジナル商品をつくるだけでは十分ではない。この希少性のある品を、各商店街で一店舗、地方都市では二店舗に限定して、独占販売してもらうという販売戦略をとることにした。

この企画は当たった。他のメーカーでは生産していない独自の商品を、そこだけでしか買えない店で手に入れられるとあって、お客様に喜ばれた。

メーカーは生産の手間をあまりかけずに、新たな売れ筋商品をつくれる。小売店は独占販売という優位性を得て、売り上げを伸ばせる。お客様は希少な商品を手に入れる満足感を得られる。もちろん、問屋である私たちの利益にもなる。工夫しだいで「三方よし」どころか「四方よし」で、全方位を喜ばせることができる。その実感は、私自身の喜びにもなった。

誰もが喜ぶ形をつくること。それがその後も私の商売の軸になった。商売とは、「相手に喜んでもらう」ことで成り立つものだ。それを徹底してさえいれば、絶対にうまくいくものだと、私は考えている。

こうして関係先との信頼関係も深まっていき、私は好調な販売実績を上げられるようになっていった。石原商店が丸紅から相談を受け、大量の在庫処理商品を引き受けた際には、即座に得意先の契約を取り付け、山のように積み上げられていた商品を三日間で一掃した。

　実は、この大事な取引に追われているさなかに、アクシデントが発生していた。突然、腹の激痛に襲われ、病院に運び込まれたのである。診断は盲腸炎で、即入院、手術が必要だった。しかし、在庫処理品のことで一刻を争う状況にあり、とても入院している余裕はない。慌ただしく手術を受け、抜糸が済むや病院をあとにし、生々しい傷を抱えたまま得意先を回って商談をまとめた。無事に在庫をすべて売り切ったとき、相当ハラハラしていたであろう社長の顔に、心からの安堵の表情が浮かんだのを見て、私の胸にも安堵と喜びが広がった。

　無茶ついでに言うと、親知らずを緊急で抜歯した直後に、麻酔でおそろしく腫れ上がった顔のまま得意先に駆けつけ、驚愕されたこともある。約束の時間が迫っていたので、キャンセルするのが忍びなかったのだが、店主は「なんと義理がたい人か」とつぶやきながら、感心と困惑が入り混じった表情を浮かべていた。

　このときは翌朝になっても腫れがひかず、痛みもひどくなるばかりで、再び歯科医院に行った。その際、開けられない口を無理に開けられたため、痛みのあまりその場で失神してしまい、その後十日ほど入院する羽目になった。

そんなふうに無我夢中で働いた。それが予想もしなかった形で報われることになる。入社四年目に、番頭に抜擢されたのだ。

船場では、丁稚から番頭になるには十年ほどかかるのが普通だった。そのため、この異例の抜擢に対しては、店の内部でも反対する声が強かったようだ。それを社長が押し切ったという。

社長から「これからは番頭として頑張ってくれ」と、いきなり告げられたときは、驚きのあまりとっさに返事ができなかった。

船場で人生をやり直そう。ここでゼロから自分の力で、ひと旗上げて故郷に錦を飾ろう。そんな思いを胸に、敦賀からこの地に出てきた日のことが思い出された。その目標からすれば、この昇進もその一過程であり、満足するにはまだほど遠い。それでも、何も持たない自分が短期間でここまで来られたことが素直に誇らしく、そして何より、社長がそれほど私を見込んでくれたこと、信頼してくれたことがうれしかった。

「この社長の信頼に全力で応えよう。そうでなければ男がすたる」

その熱い思いで胸がいっぱいになった。

それまでは、くたくたの丸首シャツ一枚で配達に駆けずり回っている姿を見られた

入社４年目という異例の早さで番頭に抜擢され、敦賀の家族を大阪見物に招く。大阪城の前で、右から父、兄・嘉嶋、私、弟・敏春。

くなくて、理由をつけては断っていた家族の来訪を、番頭になってようやく受け入れる決心がついた。敦賀から父や兄を招いて社長に会ってもらうと、社長は目を細めて「水上君はよくやってくれています」と父たちに話し、私にはゆっくり家族と過ごすよう、特別にまる一日の休みをくれた。このあたたかい計らいのおかげで、父と兄、そして弟を大阪見物に連れて行き、喜んで帰ってもらうことができた。

そんなある日のこと、社長にこっそり呼ばれた。

「まだ儲かるところまでは行っとらんが、お前はよく頑張ってくれとるから、これ取っといてくれんか」

そう言って、内密のボーナスとして三万円を差し出された。

社長の思いやりが胸にしみた。しかし、差し出された金封を、私は迷いなく返した。

「まだお店が儲かっていないのに、いただくわけにはいきません」

それは、私の本心からの言葉であった。

第三章　これほど幸せな商売はない

音楽のリズムに景気や心理が表れる

昭和三十年代を迎え、日本は高度経済成長期に突入した。人々の装いへの関心が高まるとともに、繊維の生産技術も向上し、ファッション業界は一段と活気を帯びていく。

その風を感じながら、私はオリジナル商品を次々と企画した。時代の空気やニーズをとらえる上で、私にとって役立ったもののひとつが「ダンス」だった。

戦後、社交ダンスが大ブームとなり、私も仕事のかたわら、ダンスをたしなむようになった。自分自身の楽しみでもあったが、仕事上の人づきあいに有用だったためでもある。

大阪・本町には当時「舞踏会館」という大きなダンスホールがあり、連日多くの人がつめかける最先端スポットだった。有名女優や俳優、野球選手が来ているのもよく見かけた。そのダンスホールに、得意先の洋装店の女性デザイナーたちを誘って出かけた。

「そんなところに連れて行かれては困る」と渋い顔をする店主もいたが、私はこう説得していた。

「いえ、ただ踊りに行くわけじゃありません。消費者の心理を勉強するために行くんです」

それは事実だった。ダンスホールには、当然ながら音楽が流れている。フロアに満ちるそのリズムには、社会の空気が敏感に反映される。景気が上り調子のときは、マンボやチャチャチャのようにテンポの速いリズムが、逆に景気が停滞気味のときは、ワルツなどのスローなリズムが主流になる。経済の動向が人々の気分、心理状態に影響を与え、それがリズムとなって如実に表れるのだ。ダンスホールは、その「時代の気分」をいち早くキャッチできる場所だった。

リズムはファッションに結びつく。軽快なテンポのリズムが流れている時期は、景気のよさを反映して人々の気分も高揚し、活動的になっている。そのため、ファッションも短めのスカートや、軽やかに揺れる素材のドレスが流行する。反対に、リズムがスローになっている時期は、長めの丈のスカートや軽めでハリのある素材の服を手に取る人が多くなる。

ファッションだけでなく、たとえば車や家電製品のデザインも、リズムのテンポが速い時期は角ばったデザインが、スローな時期は丸みを帯びたデザインが増える傾向がある。

そんなことを同行したデザイナーと、ワイングラスを傾けながら語り合った。

リズムを感じ、そこから消費者の心理をつかむことで、洋装店に来るお客様に的確なアドバイスをすることが可能になる。ただしそのためには、場末のダンスホールなどではなく、ナンバーワンの場所に足を運ぶ必要がある。

ダンスホールでアンテナを張り、リズムが変化するその変わり目、つまり消費者の「気分」の変わり目を見逃さず、新しいリズムから次の流行を予測し、商品のアイデアを練る。それがいくつものヒットに結びついた。

そんなリサーチも大事だが、得意先の女性デザイナーを連れ出すからには、彼女たちに楽しんでもらわなければならない。そこで私はプロのダンサーに手ほどきを受けながら、自分も相手も楽しめるダンスを身につけた。おかげでいまでも、特にルンバやサンバなどはなかなかの踊り手であると自負している。

私のダンスは、ひと言で言えば「目立つ」ダンス。硬い動きでぎこちないリードしかできない男性が多かった中、私のダンスは派手だったので、一緒に踊る女性デザイナーたちからも楽しいと好評だった。

当時を振り返ると、そんなふうに仕事はもちろん、それ以外のどんなことも手を抜かず、とにかく精一杯やったという実感がある。ダンスをやるとなれば、汗をふきながら精一杯踊った。勤め先で編成した野球チームにも所属していたが、野球にも文字通り全力投球した。前述の抜歯騒動で入院を余儀なくされた際には、検査で肺結核の疑いが出て入院が長引きそうになったところを、振り切るように退院した。野球の試合があったためである。九人ぎりぎりのチームで代役がいないため、欠場するわけにはいかないという一念だった。

すべてに全力で打ち込み、全力で楽しむ。そんな日々だった。

日本女性のファッションセンスや着こなしの進歩を背景に、オリジナル商品の人気は高まり、つくれば売れるという状況になった。しかし、商品数が増えればそれだけ残品も大量になり、その処理に頭を悩ませることになった。

大安売りすればなんとかなるが、高級オリジナル商品だけに、たたき売りするのはもったいない。そこで一計を案じた。

船場の丼池筋という界隈には、小売も手掛ける繊維問屋が密集していた。その中心に、小規模な店が集まった共同販売所があった。それぞれの店は、洋服ダンスほどの大きさの台に商品を載せて販売している。その中で高級品を扱っている一店だけに限定して、オリジナル商品の残品を売ってもらうのである。

このアイデアは、あの新人時代の露店販売の経験からひらめいたものだった。あのとき、高級洋装店で売られているのと同じ商品が、小売値と卸値の中間の価格で買えるということが大きなアピールになり、たくさんのお客様が買ってくれた。それと同じ売り方ができれば、必ず喜んでくれる人がいるはずだと確信していた。

その読みは正しかった。高級品が安く買えるという魅力に加え、一店の独占販売としたため、客がその店に殺到した。その繁盛ぶりを横目で見ていた隣の店からも「売らせてくれ」と泣きつかれたが、価値を高める重要なポイントである一店独占販売形式は、妥協せず守り抜いた。

こうして残品処理のシステムが確立したことで、安心してオリジナル商品の開発を進められるようになった。

時代が求める色を見つけ出す

ひたすら家業に打ち込んできた伝統ある京染屋の娘が、妻子ある学者と一途な恋に落ちていく。

澤野久雄の小説が原作の映画『夜の河』は、山本富士子と上原謙の主演で話題を呼んだ。

休日にふと思い立って、封切り間もないこの映画を観に出かけた私は、映画館で強烈な衝撃を受けた。ストーリーもさることながら、何より私をくぎ付けにしたのは、その驚嘆すべき色彩だった。

この昭和三十一年当時は、日本映画がモノクロからカラーへと変わる過渡期であり、『夜の河』は吉村公三郎監督初のカラー作品であった。私にとっても生まれて初めて観る「総天然色映画」で、そのあまりの鮮やかさに、声も出ないほど圧倒された。

料亭のシーンで、庭の滝が照明を受けて鉄紺色に浮かび上がり、蛍が乱舞する。その光景の美しさに息を呑んだ。その後数日たっても、あの鮮やかな鉄紺色が目に焼き付いて離れない。熱にうかされたように、生地メーカーから在庫品の反物を安く仕入れ、それを映画そのままの明るい紺一色に染めた。それを心斎橋や神戸の洋装店で販売してもらったところ、驚くほどよく売れた。

時代が求める色を見つけ出す。そのことに初めて目覚めた経験だった。

次にヒントを得た映画は、『忘れじの午後8時13分』。菊田一夫原作、佐伯幸三監督のメロドラマだった。ヒロインを演じた川上康子が、真っ赤なハーフコートを着て夜の街にたたずむ。その姿は、まさにネオンの輝きの中を飛翔する夜の蝶そのものの妖しい美しさで、強烈な印象を残した。

一般の女性がそのような真っ赤なコートを着ることは、まだ考えにくい時代だった。しかし、それがこうして総天然色映画でたくさんの人の目に触れるとなれば、憧れを抱く女性は少なからずいるはずで、そこから新たな流行が生まれる可能性は十分あった。

またしても生地メーカーや商社から在庫の生地をかき集め、すべてを赤一色に染めた。といっても、生地が違えば赤の発色が微妙に異なるため、赤だけでも数色でき上がる。それを心斎橋の洋装店の店先にずらりと並べた。

とたんに店の雰囲気がガラリと変わり、花が咲いたように華やかになった。その鮮やかな赤に惹かれて、女性たちが店に吸い寄せられてくる。映画で見たと言って、生地を手に取る女性が数人、数十人としだいに増えていき、気がつけば大勢の女性たちが店の前に鈴なりになっていた。最初に私からその生地を見せられたとき、「大胆すぎて受けるはずがない」と、販売に及び腰だった洋装店の店主たちは、なぜこれほど売れるのかわからず、目をぱちくりさせていた。

ヒットした色といえば「新幹線ブルー」も忘れ難い。これは起業した後のことだが、東京オリンピックが開催され、新幹線が開通した昭和三十九年に、新幹線の車体のあの鮮やかな青を「新幹線ブルー」と名付けて商品化したのである。

当時、奇抜な試みをして注目を集めている洋装店が東京・銀座にあった。エレガントなスタイルで現在も人気のファッションブランド「銀座マギー」が、銀座のすずらん通りに出した一号店である。この店では毎週テーマカラーを決め、今週はグリーン、翌週は赤といった具合に、決まった色の商品だけを並べて、店全体を一色に染め上げていた。

そこで、「銀座マギー」創業者の植松昭氏に「新幹線ブルー」の企画を持ちかけてみた。

「面白い。やってみよう」

こうして、昭和三十九年のある時期、「銀座マギー」の店はブルー一色になった。さわやかなブルーの美しさに加えて、当時話題の中心だった新幹線にひっかけたネーミングが当たり、連日大盛況となった。植松氏、そして「銀座マギー」とは、これをきっかけに、以後も長く付き合うことになる。

ファッションという変化の激しい世界で、先手を考えるにはどうすればいいのかと尋ねられることがある。

何が当たるのか。それは、その道ひとすじでじっくり考え、まっしぐらに進んでいれば、おのずと見える。私は農家の次男坊で、優れたセンスを持っているわけでもない。ただひたすら集中していたから読めた。そう思っている。

何かひとつに意識を集中させていれば、目にするあらゆるものがそれに結びつき、必要な答えが浮かび上がってくる。だからこそ、ダンスホールのリズムや映画から、「次はこうなる」という読みができたのだと思う。

周囲の助けにも恵まれた。いくら斬新な商品を企画しても、それを売ってくれる人がいなければどうにもならない。丁稚の頃から洋装店に手伝いに行き、信用を築いていたからこそ、突飛な色の商品をつくっても、「水上が言うならやってみよう」と、店に並べてもらうことができた。そしてお客様の手に届き、喜んでもらうことができた。

信用を得ること。ニーズを読むこと。成功の要素はすべて「ひとすじ」の上にあるのかもしれない。

無難から一歩踏み出す勇気を持つ

私が洋装店の店員さんに、とりわけ強くアドバイスしていたことがある。

それは、「一歩、せめて半歩でもいい。『無難』から、少しでも踏み出す勇気を持ってほしい」ということだ。

私が企画したオリジナル商品には、当時の感覚ではかなり大胆な色や柄のものも多かった。店員さんにはそれを、自信を持ってお客様にすすめてほしかった。

お客様がその生地で作った服を着て、友達と食事に行けば必ず「素敵な服ね」と褒められる。だから「ちょっと勇気を出して、これをお召しください。必ず喜んでいただけると思いますから」と、自信を持って売ってほしい。そうアドバイスしていた。

無難な商品は、そんなふうに自信を持ってすすめることはできない。いくら高価なものでも、無難なものは誰の目も惹かず、したがって褒められることもほとんどないからだ。

ちょっと勇気を出して、無難から踏み出してこそ褒められる。褒められることで喜びを味わい、自信を持つことができる。それこそがファッションの持つ力である。

だからこそ、売る側も勇気を出し、無難から一歩踏み出した商品を、自信を持ってすすめるべきなのだ。

私はこの年齢になったいまでも、着ているものや身につけているものを褒められることが多い。とくにネクタイは目を惹くようで、友人や知人などの会合に行くと、決まって友人たちから「おお、水上、いいネクタイしておるやないか」と、口々に言われる。

友人たちからは服装やネクタイを褒められることが多い。写真は昭和58年の高校の同期会。前列左から５人目が橋本先生、同６人目が福井先生。２列目の左から６人目が私。

そこで私は冗談まじりに、その友人たちの無難なネクタイを指して、こんな話をする。

「俺がしているこのネクタイと、あんたがたのそのネクタイは、たぶん値段は変わらんやろ。でも、俺はこうしてはっきり褒められる。あんたがたは何も言われへんやろ。同じ金額使うてるのに、何も言われないとしたら、それはせっかくのその金が生きとらんちゅうことや」

たしかにそのとおりや、と友人たちは笑い、場は大いに盛り上がる。

後日、「俺もお前を見習って、思い切ってネクタイを替えてみたら褒められたよ。あれは気持ちええなあ」などと、うれしそうに報告してくる人もいた。

無難から一歩踏み出す勇気を持つ。それはファッションビジネスのコツであると同時に、人生を豊かにするコツでもあるのではないかと思う。

誠意と工夫で価値を上げられる面白さ

「ファッション産業は、詐欺産業に等しい」

昭和四十年代に、服飾評論家のうらべまこと氏が業界紙「センイ・ジヤァナル」でそう書き立て、反響を呼んだ。

この記事が出た当時、うらべ氏と私は親交があり、明け方まで一緒にミナミのバーで話し込むことがよくあった。商売のことなどについてあれこれ話し、夜が明ける頃になると「よっしゃ、わかった」と、うらべ氏がやおら筆を走らせる。後日発売された雑誌や新聞を見ると、私が語った内容がそのまま書かれていた、などということもよくあった。つまり私は氏の「ネタ供給源」として重宝されていたわけである。

冒頭の一文も、私がうらべ氏に話したことが元になっている。たとえばワイシャツ用の白いブロード生地の原価が一メーターあたり二百円だとして、それをピンクに染めるだけで、一メーター五百円で売れるものになる。染色代は一メーター十円ほどしかかからないから、倍以上の値上がり分はほぼ丸儲けである。さらにストライプの柄を入れれば、二千円の値がつく。あっという間に原価の十倍だ。もちろん、それが消費者に受け入れられないリスクは常にあるのだが。

そんな話をしたところ、「そりゃ、詐欺産業に等しいじゃないか」と、うらべ氏が目をむいたというわけだ。

強烈な表現ではあるが、確かに言い得ているとも思う。私はこれまで何十年もファッションの世界で生きてきたが、いまでも他人が着ている服の値段を正確に言い当てることなどできない。もちろん、素材の原価や仕立てのコストなどは見当がつくが、その人が実際にいくらお金を払ってその服を手に入れたかは、想像がつかない。最終的にその服の付加価値にいくらの値段がつけられたのか、それがいくらだったたからその人が納得したのかは、客観的に判断のしようがないからだ。

ファッションの値段は「あってないようなもの」で、その意味では確かに「詐欺産業」かもしれない。しかし、買い手にその価値を納得さえしてもらえれば、詐欺にはならない。納得してもらうためには、誠実であらねばならない。そして、誠意と工夫で相手を納得させることさえできれば、利益を上げられる。

それはどんな業種でも同じであるが、ファッションビジネスの魅力のひとつでもある。

それに気づいたのは、銀行の人が私の勤め先に来たときのことだった。彼らは必死に仕事をしている。こうして汗水たらして、毎日取引先を地道に回って営業している。しかし現金を扱う彼らの仕事では、千円札はどこに行っても「千円」である。それに対して、私たちはその千円を、付加価値で二千円にも、それ以上にもすることができる。

彼らが同じだけ利益を増やすには、我々の何倍もの労力が必要なはずである。

「これはええ仕事じゃないか」

自分が携わっている仕事の面白さに、本格的に目覚めたのはそのときだ。こんな面白い仕事で努力して、成功できないわけがない。ならば、とことん努力してやろう。そう心に決めた。

そして、この仕事が大好きになった。

いいものを着ると自信が持てる

自分に自信を持ちたい。健康でありたい。それは多くの人が望むことであるはずだ。ファッションには、それをかなえる力がある。

露店販売に放り出されていたときのことだ。銀行に就職した高校時代の同級生に、商店街でバッタリ出くわした。

といっても正確には、私が一方的に彼の姿を見かけただけである。彼がこちらに気づく前に、私はとっさに身を隠してしまったからだ。

さっそうと歩いて来る彼は、銀行員らしいパリッとしたスーツ姿。一方の自分はといえば、くたびれたジャンパーに、足元は木のつっかけ履きである。そのみすぼらしい身なりが恥ずかしく、とても声をかける勇気など出なかった。

悪いことをしているわけでもないのに、こそこそと生地の間に顔を隠し、彼が通り過ぎるのをじっと待った。あのときのみじめな気持ちは忘れられない。

身なりひとつで、これほどまでに気弱になってしまう。服装に自信がなければ、人よりも一歩前に出て、堂々と勝負することはできない。

そう痛感し、なんとしてでもスーツを一着作ろうと決めた。そのためには、二年間こつこつと貯金に励まなければならなかった。

ようやく上質な生地で仕立てたスーツやコートを手に入れ、それを着て仕事をするようになると、思いがけずていねいな扱いを受けることも増えた。商談のために地方に行き、バスに乗れば、女性車掌が私のコートに降り積もった雪を優しく払ってくれる。そんな経験が新鮮で楽しく、自然に胸を張って歩くようになった。

「いいものを身につける」ことが与えてくれる力がある。それは、故郷で長靴を履いて農作業をしていた頃には、想像もつかなかったことだ。

独立し、会社を創業して間もない頃には、こんなこともあった。神奈川県の小田原に、得意先拡張に出かけたときのことだ。大阪から夜行列車に乗って出かけ、現地には早朝に到着する。目的の店に行くと、やはりその店と交渉するために、他の問屋からも営業マンが大勢集まっている。店はまだ開いていないので、彼らは店の前にバッグを並べておき、別の場所で朝食をとったりして時間をつぶしていた。私もそれにならい、自分のバッグを並べておいた。

開店時間になり、店のシャッターが上がった。店の社長が顔を出し、ずらりと並んだバッグの列を眺めると、ひとつのバッグを指して言った。

「このバッグの人、まず入ってくれ」

それは私のバッグだった。ごく普通の地味な営業用バッグが並ぶ中、私のそれはスタイリッシュなアルミ製のケースだったので、目を惹いたのだろう。てっきりバッグを並べている順番に呼ばれるものだと思っていたが、思いがけず最初に商談を進めることができた。社長と話してみると、こちらが提案する商品は店のセンスに合っていたらしく、交渉はすんなりまとまった。

「俺のカンはピッタリだった」

社長はそう言って、満足そうに笑っていた。

以来、商談用のサンプル生地を入れるケースには気を遣うようになった。スーツケースで名高いメーカーの最上級モデルを、新作が出るたびに手に入れ、自分が使うのはもちろん、会社の営業マンにも全員に支給した。

そんな知恵ひとつで稼ぎを上げられるのも、この業界ならではの面白さであり、魅力であると思う。

スーツケースだけでなく、営業マンには服飾手当を支給し、ピエール・カルダンのスーツと靴を揃えさせた。カルダンのスーツのジャケットは、サイドベンツ入りでウエストのラインがソフトに絞られ、お辞儀をしたときのスタイルがきわめてスマートに見えるのだ。また、商談先では靴を脱いで上がることも多く、玄関に揃えられた靴は先方のスタッフの目に触れやすい。その靴が上質なものであれば、営業マンのイメージは一気によくなる。逆に、それがスーパーの特価品であったら、相手はそれ相応の扱いをしてくるだろう。

そして何より、「自分はいいものを着ている」という優越感と自信が、人よりも一歩前に出ようという意欲や積極性を生む。競争の激しい世界で、身なりに自信がなければ、気おくれして人の後ろに回り、チャンスを取り逃してしまう。少しでも積極的に、前に出て行けるよう手助けするのも、経営者としての責任のひとつだという思いがあった。

いい服を着ると、自信が持てる。人に褒められることで、さらに自信がつく。そして自然に背筋が伸びて、歩く姿勢がよくなる。よい姿勢を保つことは、体の健康につながる。

私は現在、持病もあるが、同窓会で同級生たちに会うと、決まって「顔色いいやないの」「元気やな」と言われる。それはこの姿勢のよさのおかげだと思っている。「信心も形から」と言うが、健康も形から。いい服を着ることは、どんな薬や健康食品にもまさる健康の源だと私は思っている。

ファッションは人の内面に自信を与え、体を健康にする。ファッションビジネスは、人に喜びを与えられる最高の仕事だ。

そんな仕事をして来られたことを、私は心から幸せに感じている。

相場の三倍以上のコーヒーが大人気の理由

私が勤めていた石原商店の建物内には「リオ」という喫茶店があった。店のマスターは、この建物の共同オーナーで、東大を卒業し、終戦までは大手都市銀行のニューヨーク支店長をつとめていたエリートだった。しかし銀行を離れ、いざ商売を始めようとしても何もできない。唯一、コーヒーだけは人に自慢できるほど上手に淹れることができたので、奥さんとともにこの店を始めたということだった。

海外で一流のものを見てきた人だけに、何事においてもセンスがよかった。スーツを仕立てるのでも、日本では一般的にゆったりとした仕立てを好む人が多いところを、彼はいまで言う立体裁断で、体のラインにピシッとフィットしたものでなければ納得しなかった。

「リオ」のコーヒーは高かった。当時、喫茶店のコーヒーは一杯六十円程度が相場だったが、この店では一杯二百円で出していた。相場の三倍以上である。にもかかわらず、客がひきもきらない。わざわざ遠方から毎日スクーターを飛ばして来る客もいた。もちろん、自信がなければそんな強気な値段では出せない。相場の三倍出してでも飲みたいと思わせるものを出すために、微妙な味の調合や、テーブルにカップを置いたときの見栄えまで、丹念に研究を重ねていた。

私はその喫茶店とドア一枚隔てた通路で寝起きしていたので、自然にマスターとも顔見知りになり、何かと声をかけてもらっていた。私が営業で外回りに出かけるときには、「心斎橋のあの喫茶店でコーヒーを一杯飲んできてくれ」と、百円を渡されて偵察の指令を受けることもあった。店に戻った私がコーヒーの味について報告すると、ふんふんと頷きながら、なにやら熱心に調合していた。

店で出すコーヒーのクオリティに関しては、一切の妥協がなかった。「リオ」では、伊藤忠や丸紅といった商社をはじめ、界隈の企業から、来客用のコーヒーの出前を頼まれることも多かった。マスターは出前依頼の電話を受けると、配達の所要時間とコーヒーが冷める速度を厳密に計算し、届けたときに理想的な温度になるよう調節してコーヒーをいれた。そして、ポットに寒暖計を差した状態で配達係に届けさせ、到着時点で適温から一度でも下がっていれば、そのまま持ち帰らせて再びいれ直した。そこまで徹底していたので、客からの信頼は厚く、出前の依頼はどんどん増えていった。

私が寝起きしている通路から「リオ」に通じるドアを開けると、ちょうど目の前に、コーヒー豆を挽いた粉が山盛り入った缶が置いてある。私はそれをこっそり、ほんの少しだけいただいてコーヒーを飲んだことがあった。翌日、店に現れたマスターは、私のその所業を瞬時に見抜いた。

「学生さん（私はこう呼ばれていた）、コーヒー触ったでしょ？　飲みたいなら、一回通しただけのコーヒーをザルにたくさんあけておいてあげるから、それを好きなだけ飲んだらいい。でも、うちの商売はこれが命だから、これだけは触らんようにしてちょうだい」

たった一度の温度差にも妥協のない人である。さすがにわずかな粉の変化も見逃さなかった。私はバツの悪い思いをしながらも深く感心したのだった。

価値と信用を保つには何が必要か。本物とは何か。私がマスターから学んだものは大きかった。

船場の慣習を打ち破る提案

住み込みの丁稚奉公からスタートする船場の世界では、「給料」というものはなかった。

最低限の衣食は保証され、それ以外に渡されるお金は「小遣い」という扱いであった。ボーナスもない。店の売り上げが好調であれば、夏と冬にそれぞれ下着を上下ひと組もらえる。それがすべてだった。

番頭になり、個人の営業成績ではトップを走り続けていたとはいえ、私の当時の収入では、とても所帯を持つことなどおぼつかなかった。

自分の収入を上げるためには、自分が努力して少しでも「石原商店」という会社の利益に貢献し、会社を大きくしていくしかない。私はそう考えていた。会社の利益が出ないうちは、そこで働く者も多くを得ることはできない。だからこそ、番頭になって間もない頃、社長がこっそりくれようとしたボーナスを、私は受け取るわけにはいかなかったのだ。

その頃に比べれば、会社の利益は上がってきていた。さらなる成長のために、会社は新たな段階に進むべきときに来ていると感じていた。社員それぞれがやりがいを持って働き、より多くの利益を会社にもたらすような仕組みをつくらなければ、これ以上の発展は望めない。

小遣いをもらいながら丁稚奉公し、力に応じて、時期がくればのれん分けをしてもらう。それが船場の慣習だった。しかし私は、各人が努力して成果を上げ、会社の利益を向上させ、それを再分配するという形式こそ、そこで働く個人にとっても、組織にとってもメリットがあると考えるようになっていた。

そこで成果報酬形式の「事業部制」、いわゆる歩合制を導入することを社長に提案し、了承を得た。自分の働きしだいで稼ぎを上げられるとあって、部下たちも賛同してくれた。この事業部制の導入により、会社の業績は向上し、私に対する社長の信頼も深まった。

しかし、この改革は船場の旧習を打ち破るものだっただけに、風当たりも強かった。中でも私のやり方を快く思わず、激しく反発する人が現れた。社長の奥さんである。当時、社長のご次男が後継者として専務の役職にあった。社長の奥さんの目には、ドラスティックな改革を行い、業績を上げて社長からの信頼も厚い私が、息子である専務を脅かす存在と映ったのだろう。鬼気迫る形相で「水上はアカだ」と私をののしり、「こんな者はクビにしたらええ！」と、社長に向かってものを投げつけることさえあった。

私には、専務を蹴落とそうなどという考えは微塵もなかった。ただ一生懸命働いて、会社の利益を向上させ、会社を大きくしたいという一心だった。それだけに、新入りの頃からかわいがってくれていた社長の奥さんの突然の豹変には、戸惑うばかりだった。

奥さんを中心とする「水上排斥運動」は、日増しに激烈さを増していった。私はこれが引き際と覚悟し、会社から独立する決意をした。

こうして私は、また新たな一歩を踏み出すことになった。事業部制という改革を行ったことで、私は石原商店を去ることになった。しかしまったく後悔はしていない。同時に、私を排斥した人たちを恨む気持ちもまったくない。

より多く稼いだ人や事業部が、より多くの報いを得る。先に「これだけの給料をください」と会社に要求し、もらった分だけ働くというのではなく、自分の努力で会社に利益をもたらし、そこから配分を得る。それはごく当たり前のことだと考えている。その信念に基づき、自分の会社を立ち上げて以降も、この成功報酬形式の事業部制を貫いてきた。

社長が脳梗塞で倒れられたのは、私が会社を去って二年後のことだった。私は結婚まもない妻を伴い、ご自宅にお見舞いに行った。しかし、応対に出た奥さんはけんもほろろだった。

「あんたの見舞いは受けたくない。帰って」

そう門前払いされた。それでも、何度も足を運んだ。

何度目かのときのことだ。いつものように門前払いされ、帰ろうとすると、家の奥から声がした。

「水上君、入ってこいや」

懐かしい社長の声だった。たまたま私の声が耳に届いたらしい。こうなると奥さんも、玄関を開け、私たちを通さざるを得なかった。社長の枕元に近寄ると、

「よう来てくれた」

病床の社長は、私の顔を見るなり、ぽろりと涙を流した。尊敬する「船場商人」であった社長の、すっかりやつれたその姿に、私も胸がしめつけられた。

その日をきっかけに家に上げてもらえるようになり、足しげく見舞いに通った。私が去って以後、石原商店の業績は思わしくなかったようで、いつも会社のことを案じておられた。私は独立してからも、私を育て、商人道を仕込んでくれた社長に対して、不義理なことは絶対にすまいと心に誓っていた。

「社長にお受けしたご恩は忘れません。そのお心を引き継いでまいります」

そう伝えると、社長はうれしそうに何度も頷いた。

十三年に及ぶ闘病生活で、社長は目に見えて衰弱していった。やせ細った体に綿の布団がたいそう重そうに見え、妻と相談して、軽くて暖かい羽根布団をお贈りした。

ある日、私は東京に出張中だった。私が立ち上げた会社はその数年前に念願の東京進出を果たし、その頃の私は東京と大阪を行き来する日々を送っていた。出張先で「石原社長キトク」の知らせを受け、急きょすべての予定をキャンセルして最終の新幹線に飛び乗った。

社長のご自宅に駆け付けたときは、深夜零時を回っていた。社長は、私が贈ったあの羽根布団をかけていた。

「うわごとでしきりに『羽根、羽根』って言うからなんのことかと思ったら、あんたがくれた、この羽根布団をきせてほしいって言うんや。それできせたんや」

奥さんはそう言って、目頭を押さえた。

翌朝、社長はその羽根布団をかけたまま旅立ってくれた。

「石原商店」は、社長が病床にある間に整理されることになった。社長の無念はどれほどだったかと思う。昭和四十年代が過ぎ去ろうとしていた。社長が生きた船場の地も、すでに大きく変貌していた。

便所掃除の重要性

高校を卒業し、敦賀から船場に出てきた年の夏、私は丼池筋の店で、傷ものの丸首シャツを一枚六十円で買った。

毎晩洗濯をして、この一枚のシャツを毎日着続けた。汚れて色が変わってくると、黒に染めてさらに二カ月ほど着続け、破れるとようやく捨てた。そしてまた一枚買って、同じように着続ける。靴下は軍足ひとつで、これも同様に、途中で黒に染めながらはきつぶした。

米と調味料、漬物、簡素なおかず代は店で出してくれたが、配給だった米は一カ月分が二十日ほどしか持たず、底をつけば自腹でうどん屋に行くしかなかった。わずかな給金のほとんどは、空腹を満たすために消えた。得意先への配達の際に、本来は地下鉄に乗って行くところを必死に走って時間内に届け、浮かせた地下鉄代の三十円で食事にありついたこともある。

丁稚から始まった修業時代の日々は、恵まれた生活とはとても言えなかった。仕事の上でも、露店販売や成果の出ない飛び込みセールスなど、何度も試練にぶつかった。しかし、それを苦労と感じたことはなかった。戦時中のことを思えば、どれもたいしたことはない。すべて勉強だと思っていた。決してきれいごとではなく、事実そのとおりだったからだ。

田舎の素朴な環境で生まれ育ち、何も知らないまま大阪に出てきた私にとって、ここでの生活はすべてが勉強だった。

今日もあんなことがあって、こんなこともあった。たくさん勉強したなあ。

毎晩、そう思いながら眠りについていた。

店では新人丁稚は毎朝便所掃除をさせられるのが習わしだった。最初はもちろんいやだったが、しだいに人のいやがる仕事をすることで、自信がつくということに気づき、苦にならなくなった。

社長は常々「得意先で便所を借りたときに、掃除が行き届いているかを見れば、その得意先がしっかりしているかどうかがわかる」と言っていた。どんな店や会社でも、入口や店先など表の部分をきれいに保っているのは当然のことだ。最も奥にある便所のような場所にこそ、その店や会社の本質が表れる。そう教えられ、便所掃除の重要性を学んだ。

翌年、新人が入って来たとき、便所掃除のことを告げると、彼らはいやそうな顔をした。その気持ちはよくわかるので、私は「じゃあ、代わりに私がやっておくから、いつかやりたくなったら言ってくれればいいよ」と告げ、その後もせっせと便所掃除を続けた。そんな私の姿を見て、「水上さん、なんで便所掃除を進んでやっているんですか?」と、後輩たちは不思議そうな顔をしていた。

その後しばらくすると、私が進んで便所掃除をする理由を理解したのだろう。後輩のひとりが「やらせて下さい」と申し出てきた。そして私と同じように、毎朝黙々と便所掃除に精を出すようになった。

その後輩は、のちに自分で事業を立ち上げて成功をおさめた。

「あのときの水上さんの教えを、いまも大事にしています」

その後も折に触れて届く彼からの便りには、そんな言葉が書かれていた。

私は「被害者意識」というものを持ったことがなかった。怒られても「ありがとう。ようう言うていただきました」という思いだった。他人が自分に怒ってくれるということは、それによって自分に何かを気づかせてくれているということだ。だから、怒られることさえうれしかった。

そんなふうにとらえることができたのも、私に目標があったからだ。

いつか必ず故郷に恩返しをする。錦を飾る。その思いを忘れたことはない。

銀行への就職のチャンスをつぶし、家族や親族の顔に泥を塗った以上、本来期待されていた以上に価値のある自分にならなければ、とてもふるさとへは帰れない。

その思いがあったから、どんなことも苦労だとは思わなかった。

目標があれば、何もつらいとは思わない。どんなときも揺らぐことのなかったこの目標こそが、私をここまで連れてきてくれたのだと思っている。

第四章　ファッションに国境のない時代の飛躍

独立し、新たなスタート

丁稚から育ててくれた石原商店から独り立ちし、私は新たなスタートを切ることになった。昭和三十三年の秋のことだ。

これからはいよいよ、文字通り自分自身の力で道を切り開いていくのだ。初めて船場に出てきたとき、私は何も持っていなかった。その第一のスタートとは違い、いまの自分には、この七年間で得た経験と実績、さまざまな関係先との間に築き上げてきた信用、そして、それらに裏打ちされた自信がある。この先も決して楽な道ではないと覚悟していたが、恐れる気持ちはなかった。

さらにこの第二のスタートでは、私はひとりではなかった。私のあとを追うように船場に出て来て、別の繊維問屋で働いていた弟、敏春とは常々、「私が独立したら一緒にやろう」と話していた。ついにその機が到来したのである。

まずは四畳半のアパートを借り、そこで敏春とともに暮らしながら、日割り家賃で営業できる場所を見つけて商売を始めた。勉強机ほどの大きさの「売り台」が並ぶ、服飾資材マーケットのような場所で、その一台を借りて生地を売るのである。

毎朝、部屋の片隅に置いたひと口のガスコンロでご飯を炊き、魚のアラの味噌汁とともにかき込む。残りのご飯を詰めた弁当箱ひとつを持って商売に行き、昼はそのご飯と大根の漬物を、敏春と二人で分け合って食べた。大根の漬物は、一本まるごと買い、それを両側から二人で交互にかじった。店で切ってもらうと五円高くなるからだ。「一円を粗末にするものは、一円に泣く」。祖母に言い聞かされていたその言葉が、常に心にあった。

遅くまで商売をし、アパートに帰る途中、魚屋さんで魚のアラを買う。それが日課だったので、閉店時間に間に合わないときは、店の軒先につり下げておいてくれていた。一日の終わりには枕元のそろばんでその日の売り上げと仕入れ金額を計算し利益を確認して、翌日の商売のことを思案しながら眠りにつく。そんな毎日だった。

このとき売っていたのは、石原商店で取引のあった大手商社の丸紅から仕入れた生地である。実は独立に際して、石原商店の社長は「うちの在庫商品を売ればいい」と申し出てくれていた。しかし土壇場になって社長のご次男の専務が「絶対に売らせない」と在庫商品の提供を拒否したため、いよいよ商売を始めるという段になって売る商品がないという事態に陥った。偶然この経緯を知った旧知の丸紅の担当者が親身になってくれて、丸紅を仕入れ先として商売ができるよう取り計らってくれたのだ。

こうした恩もあり、丸紅から仕入れた生地を売りまくった。品質の確かなメーカー品を卸値に近い価格で売り、お客様に喜んでもらうという露店販売以来のノウハウで、私の売り台にはたちまちお客様が殺到した。その結果、独立したその月に、いきなり五万円もの純利益が出た。大卒初任給が一万三千円程度だった頃のことである。

その五万円を、三和銀行で勧められるままに抽選つきの定期預金にしたところ、なんと十万円の「特賞」を当ててしまった。このことによって三和銀行のこの支店では、支店長以下、守衛や用務員に至るまで、私の名前が知れ渡ることになった。同時に支店長も「特賞を出した支店の支店長」として、行内で有名になったと喜んでくれた。これを契機に、三和銀行と当座取引をすることになった。不思議なツキが回ってきているのを感じた。

仕入先の丸紅は石原商店の主要取引先であり、私の立場上、いつまでも甘えているわけにはいかない。その事情をくんだ伊藤忠商事から声をかけられ、伊藤忠との取引が始まった。このとき、伊藤忠が審査のために私の取引口座のある、例の三和銀行の支店に電話を入れた。すると、電話に出た女子行員も含め、支店の全員が水上の名前を知っている。これはただごとではない、何か事件にでもからんでいるのでは、と疑惑を持たれ、危うく取引中止になりかけたという笑い話もあった。

独立した翌年に、それまで借りていた売り場を離れ、繊維卸業の中心地として賑わう丼池筋にある「ＯＳＫ（大阪繊維共同販売所）ビル」に移った。ここも小さな売り台がひしめくマーケットだったが、空いていたのは、店の構造上客が入って来にくく、「誰がやっても失敗する場所」として避けられていた、一番奥の台だけだった。

それでも私には勝算があった。価値あるものを安く売るという、これまで成功してきた販売ノウハウがあるからだ。しかし、ここでは同業者の商売のやり方も強引だった。私が店の前でお客様と商談をしていると、「うちにはもっと安いのがあるで」と、お客様の肩をたたいて連れて行ってしまう。場内をうろついて客引きをし、店からマージンを掠め取ることを専業にしている「かすりや」も横行していた。

これではとても商売にならない。そこで一計を案じ、お客様が来ると「ここでは色合いがわかりにくいので、外でご覧になってください」と、落ち着いて話ができる店の裏手に誘導して商談をまとめた。

そして、買ってもらった商品には「お礼状」をしのばせておいた。

〈当店は正真正銘のメーカー品のみを扱っております。それをお客様に満足していただけるよう、格安の価格でお譲りしております。またどうぞお越しください。店主〉

思いを込めて一通ずつしたためた。そんな努力を続けるうち、お客様が日増しに増え、ついにはＯＳＫでもトップクラスの売り上げを上げられるようになった。すると風向きも一変した。

「お宅の商品には勝てんわ。うちにも置かせてくれ」

それまで敵意をむき出しにして、強引に客を横取りしようとしていた同業者たちが、そう言って泣きついてくるようになった。売りたいなら商品を買い取ってもらうのが原則だが、私は彼らを信用し、朝に商品を貸し出して、一日の終わりに売れた分だけ清算してもらうことにした。そのため、多くの店がこぞって私の店の商品を売ってくれるようになった。

こうして商売は軌道に乗り、次の展開を考えるようになった。石原商店にいた時代から手掛けてヒットを出していたオリジナル商品で勝負したい。ＯＳＫビルの二階の一室を借りて、オリジナル商品の企画を始めた。日中は一階で商売をし、夜に企画した商品のサンプルを持って、心斎橋や天神橋の洋装店に売り込みに行く。それが好評を得たため、ビジネスをオリジナル商品に一本化することに決めた。こうして本格的な起業という新たなステージに、無我夢中で駆け上がっていった。

「死ぬ気で働く」――新妻への誓い

この時期、私個人の人生にも大きな変化があった。妻、章子との結婚である。

妻と初めて会ったのは、まだ石原商店に勤めていた頃で、福井県内の取引先の紹介による見合いであった。

この人とならば、一生をともに歩み、苦労も乗り越えて幸福になれる。彼女と会った瞬間、そう直感した。いわゆる「赤い糸」というものはあるのだと知った。

そのとき、彼女の父親から「この子を食わせていってくれることはできるかね」と、やや心配そうに尋ねられた。彼女は義父にとって最愛の末娘だった。私は率直にその当時の収入を告げたが、何不自由なく暮らせる金額とはとても言い難い。結局、彼女の小遣い分は彼女の実家で援助すると申し出てくれて、互いの不安はひとまず解消された。

ところがその後、結婚に向けて話が進んでいる最中に、私は独立することになった。このことが先方の両親に知られれば、「娘に苦労をさせたくない」と、結婚を反対されかねない。それはなんとしてでも避けたかったので、私は独立したという事実を先方にはひた隠しにしていた。

結局、例の三和銀行の「特賞」が当たったことで、独立したこともすぐにバレてしまったのだが、義父は上機嫌だった。

「そんなものに当たるぐらいなら、相当に強運な男なんだろう。それなら独立してもうまくいくはずだ」

そう言って認めてくれた。タイミングよく特賞が当たったことで、私は人生最大の幸福も取り逃さずに済んだのだ。

しかし商売は順調だったとはいえ、私個人はまだ経済的な余裕はなく、その上新居を建てなければならなかったので、結納金さえ用意できなかった。仕方なく、目録だけで中身はカラの金封を差し出して結納を済ませた。

結婚という人生の門出の晴れ姿を、誰よりも見せたい人がいた。幼い頃から私をかわいがってくれていた祖母である。

祖母はこのときすでに高齢であり、結婚式のために遠出をするのは困難だった。しかし、祖母抜きでの結婚式など、私には考えられなかった。

その思いから、結婚式は敦賀の私の実家で挙げた。祖母、そして両親の喜びようは大変なものであった。幼い私の手を引いて歩いていた頃、祖母はこのような日が来ることは決してないと思っていたことだろう。私たち新婚夫婦を見上げる祖母の、夢を見るような至福の表情に、私も感極まった。やっとひとつ、祖母に孝行ができた。

茨木市内に建てた新居で新婚生活が始まった。妻とこれから生まれてくる子どもたちを必ず幸せにしなければならない。その決意から、私は妻にこんな約束をした。

「これから三年間で五百万円のお金をつくる。そのために死ぬ気で努力する。もしそれが果たせなかったら、私を後ろから突き殺して、それまで稼いだ金は全部持って実家に帰ってくれていい。それぐらいの覚悟で俺は必死で働く。その代わり、家のことはすべて任せる」

その言葉どおり、私は仕事に集中した。毎朝六時に起きて家を飛び出し、帰宅するのは日付が変わってから。日曜日も休まず連日働き続けた。

結果的に、約束した金額を稼ぐまでには四年ほどかかってしまったが、妻はそんな私を献身的に支えてくれた。毎朝、私が出かけるときには「今日も一日頑張ってください」と、かしずいて靴下をはかせてくれた。その一言があるだけで、働き詰めの疲れも吹き飛んだ。

当時の大阪の冬は寒さが厳しく、肌を切りつけるような空っ風が吹きすさび、洗濯ものを干すとそのままピンと凍ってしまうほどであった。新居には弟の敏春が引き続き同居しており、後年は数人の社員を住まわせていた時期もあるが、妻は彼らの分も含めた大量の肌着や下着を冷たい水で毎日洗い、食事の世話もしてくれた。こうした内助のおかげで、私は仕事に邁進することができた。

長女が生まれてからのことだが、ある日曜日、私がたまたま家で過ごしていたときに、妻が買い物に出かけた。その留守中に雨が降り始めた。窓の外には、洗濯した娘のおむつが干してあった。取り込むべきか一瞬迷ったが、私は手を出さなかった。

帰宅した妻は、雨に濡れそぼったおむつを見て「なんで入れてくれへんの?」と不満をあらわにした。私としては、家のことはすべて妻に任せた以上、自分は口も手も出さない、という最初の約束を徹底したつもりだった。家のことについては、妻が何をどうしようと、私は一切文句を言うつもりはない。その代わり、家のことはすべて自分の仕事だという意識を持ってやってほしい。その意識があれば、今日も天気予報を確認して、洗濯ものを干さないという判断もできたはずだ。

そう言い聞かせたが、妻としては釈然としないものがあったのだろう。この一件についてはかなり根に持たれており、数十年経ったいまでも何かにつけてこの話を持ち出されるので参っている。これもいまでは笑い話だ。

「家のことはすべて妻に任せた、自分は口も手も出さない」という約束を徹底した新婚時代。長女誕生。妻の献身的な内助のおかげで仕事に専念できた。

古くからの住宅地に居を構えたので、地域の人たちからも、最初のうちは新参者として、好奇心の入り混じった冷やかな視線を向けられた。私が商売をやっていると知ると、彼らはその規模を値踏みするために、わざわざ連れ立って私の売り場まで偵察に来た。そして、私が小さな台に商品を載せて売っているのを見て「たたき売りじゃないか」と、侮蔑の表情を隠さなかった。

そんな空気の中で近所づきあいをしなければならなかったのだから、妻もつらかったと思う。私は妻にこう声をかけた。

「いまはなんと言われようと仕方ない。『勝てば官軍』だから、まずは努力して勝って、認めてもらおう。でも、勝ったとしてもそこでおごらずに『こうべを垂れる稲穂』でいこう。謙虚に、近所の人たちの役に立とう」

結婚後しばらくは、経済的にも苦労をかけた。事業資金を稼ぐことに追われていて、私自身の収入はまだ少なく、金銭的な余裕はまったくなかった。無駄な買い物は一切できない。水道のメーターが動かないよう、蛇口からちょろちょろと水を出し、一日かけて溜めて使う。妻の判断で払った地域の婦人会費四十円を、「まだそんな会に入れる身の上じゃない」と、返してもらいに行かせたこともある。さすがに「お金を返してください」と言いに行くのはきまりが悪かったらしく、「このお金は実家の父に出してもらうから堪忍して」と泣きつかれたが、これは夫婦で相談なく出費をしないという原則にかかわることでもあるので、私も折れなかった。

苦労も多かった新婚時代だが、それゆえに互いに対する感謝の思いと絆を深めた日々でもあった。年月が過ぎ、経済的に余裕ができてからのことだ。妻が気に入ったネックレスを阪急デパートで見つけたという。「ええよ、買うておいで」と伝えたのだが、妻はその後も意を決してデパートに出かけては、買わずに帰ってくるということを何度も繰り返していた。

なぜ買わないのかと尋ねると、

「どうしても、あんたの働いている姿が目に浮かんでしまって」

と、泣き笑いのような顔で言った。

妻は近所の人たちとのかかわりをとても大切にしている。おかげで周囲の人たちからも親しまれ、子育てなどではだいぶ助けてもらったようだ。妻も自分がお世話になってきたのだからと、周囲のお年寄りたちのことを、ずっと親身に世話してきた。近くのお年寄りに異変があると、駆けつけて救急車を呼ぶだけでなく、無我夢中で自分も飛び乗り、病院まで付き添って行ってしまう。そのあとを私が慌てて車で追う、などということもあった。新婚時代に話し合った「稲穂で行こう」という言葉を、妻は真摯に実行している。

妻の存在と支えなしには、私はここまで来ることはできなかった。妻とめぐり会えたこと、ともに歩んで来られたことの幸せを、深くかみしめている。

商社の旧友と斬新な戦略に挑戦

独立して三年半後、オリジナル商品を中心としたビジネスに本格的に乗り出すため、「株式会社水上商店」を設立した。商標は「ラビアンレーン」。フランス語で「愛される毛織物」というほどの意味である。

現在、大規模商業ビルの「船場センタービル」がある場所に事務所を構えた。この時点ですでに、船場センタービルの建設も含めた都市開発計画が進んでおり、三年後には立ち退く条件だったのだが、その立ち退き料が思いがけず高騰し、当初予定の十倍の金額を手にすることになった。このときも、不思議な幸運を感じた。

さらに幸運は重なった。立ち退き後の移転先探しでは、いったん決めた場所を契約する前日に、たまたま知り合いからの情報でまたとない物件に出会い、その日のうちに所有者との交渉もすんなりまとまって、運命的に手に入れることができた。広く緑豊かな靭《うつぼ》公園に面しており、公園内の噴水が正面に眺められる絶好のロケーションであった。ここが新たな本社となる。

「水上商店」のオリジナル商品も評判になり始め、国内展開を進めた。同じ下生地から無地とプリント物の二種類の生地をつくり、ジャケットは無地、スカートはプリントという具合に同系色のコーディネイトが楽しめるようにしたところ、反響を呼んだ。評判を聞きつけた婦人雑誌『ミセス』から依頼を受けて、タイアップ企画も手掛けた。私たちが提供したオリジナル商品を、第一線のデザイナーが斬新なアイデアで洗練されたコートやドレスに仕上げ、それを一流モデルが身にまとって誌面を飾る。雑誌は飛ぶように売れ、商品の評判もますます高まった。

昭和四十年代にかけてのこの時期、日本人のファッションセンスは飛躍的に向上し、欧米の先端ファッションを受け入れる素地ができつつあった。同時に日本の繊維技術の向上も目覚ましく、その点でも欧米と肩を並べるレベルに達していた。服飾評論家のうらべまこと氏の言葉を借りれば「ファッションに国境がない」時代を迎えたのである。

その頃には、伊藤忠商事の水上商店に対する信用度を示す取引限度額が、当初の十倍以上に上がっていた。何の担保もなく、ただ有言実行で実績を積み重ねてきた私個人に対する信用だけで、そこまで上げてくれたのである。最終的には、一億円を超す限度額を無条件でつけてくれるまでになった。

その伊藤忠で、日本製の生地を海外に輸出している「特殊織物課」に、高校の同級生である下山岩夫氏がいた。あの松原の校舎で六年間をともに過ごし、弁当をひと口ずつ分け合い、防空壕で肩を寄せ合った仲間である。英語に堪能できわめて有能であり、海外との交渉にも剛腕ぶりを発揮して、東洋紡や東レ、帝人といった大手取引先の繊維メーカーからも一目置かれる存在だった。いつも粋なピンクのネクタイなどを身につけ、商社の堅い雰囲気の中では目立ち過ぎていたが、「ファッションを仕事にする人間は、こうじゃなければあかんのや」と、まったく意に介さなかった。

当然のことながら、組織の中では「出る杭」的な存在で、上層部からは冷遇されていた。そんな彼と、その数少ない理解者であった上司の入貝氏が中心の特殊織物課は、果敢に斬新な戦略に挑み、社内でも異色の存在であった。

彼らと組んで、私も挑戦に乗り出すことになる。大きな組織の制約のもとでは実行しにくくても、組織の外にいる自由な立場の私ならできることもある。だから下山氏や入貝氏も、私と組んで新しいことにチャレンジできることを楽しんでいた。

国内の繊維メーカーにまとまった量の生地を発注し、それを小分けにして世界各国で売り、あわせて国内でも販売して売り切るという戦略もそのひとつで、私はその国内販売の実行役となる。それはこんなふうにして始まった。

ある日下山氏を訪ねると、商談室に輸出用のプリント生地のサンプルがずらりと吊り下げられていた。色もデザインも大胆かつ華やかで、日本国内の店ではまず見かけない生地だ。

「これはどこに売っているの？」

「ヨーロッパとアメリカだよ」

「日本国内では売れないの？」

「やろうとしてみたけど、うまくいかなかった」

「俺なら売ってみせるよ」

下山氏はその生地を丼池筋の問屋に出してみたというが、それは少々「筋道が違う」と私は感じていた。この生地のような、日本製のクオリティと海外のセンスを兼ね備えた商品は、目の高い客が集まる「ナンバーワンの店」で売るべきで、そうすれば絶対に売れるという確信があった。

「俺は、やるからには命をかけてやる。だからそっちも、やれと言うなら俺だけに任せてほしい」

下山氏は頷き、上司とかけあって、特殊織物課が扱う輸出用プリント生地の国内販売分を、水上商店が一社独占で請け負うことにしてくれた。私はいったん他の仕事からはすべて手を引き、このプロジェクトだけに注力した。

早速、センスのいい品揃えで知られていたデパートの大丸で販売してもらおうと決め、交渉にあたった。華やかだがまだ一般消費者の感性にはなじみにくく、だからこそ一般的な店では敬遠されてしまうこの商品の先進性を、大丸のバイヤーは即座に見抜き、納品が決まった。

とはいえ、すぐに爆発的にヒットというわけにはいかなかった。そこで、かつて洋装店の店員さんに指導していた、「売れ残った生地を細かいはぎれにして、一色でもそれが欲しいという人に売る」というやり方を応用した。生地を七十センチのはぎれにカットし、大丸の婦人服地フロアにあるはぎれ台をすべて使って、それをずらりと並べた。すると、ぽつりぽつりと売れ始めた。一カ月ほどたつと、その生地でつくった服を着たお客様の姿を大丸の店内で見かけるようになった。それを見た大丸の担当者や販売員は喜び、士気も高まってさらに販売に弾みがついた。

同時に国内各地での販売戦略も実を結び、輸出用プリント生地の売り上げは全国的に好調になった。大丸では売り上げ伸び率五年間一位を達成する。上得意客を招いた大丸の「特別招待会」では、一日数千着という規模で売れた。一日でそれだけ売れてしまうと、翌日も大量に納品しなければならない。真夏の暑さの中、会社の前の靭公園に裁断台を持ち出し、公園の灯りの下、蚊取り線香をたきながら社員総出で深夜まで準備作業に追われた。

しかし好調な販売が続く中、思わぬ横やりが入った。繊維製品の輸入業者が、「水上は輸入品のコピーをして大丸に売っている」と、大丸にクレームをつけたのである。

これはもちろん、輸入業者側の理解違いから来たものである。伊藤忠が輸出した生地がヨーロッパやアメリカに渡り、現地で出回ったものを日本の輸入業者が買い、「舶来品」として国内で売る。つまり、日本から出たものが、海外を通ってまた日本に入ってくるという構図の中、私は日本から出る前の段階でその生地を確保し、日本国内で売っていたわけだ。輸入品のコピーなどではなく、その輸入品の元となっているものを、いち早く国内向けに売っていたに過ぎない。しかし輸入業者にしてみれば、自分たちが輸入した海外の最新ファッションが、すでに一年ほども前に水上商店から出回り、売れまくっているのだから面白いわけがなかった。

このクレームに、大丸の担当者は毅然と反論した。

「あなたたちは勉強不足もはなはだしい。いま、日本の繊維は世界で高い評価を受けている。だからこそ伊藤忠がそれを輸出し、それをあなたたち輸入業者が買っているんじゃないか。水上商店と我々は、そのメイド・イン・ジャパンの生地を、原産国の日本で売っているだけだ」

このことで、船場は一時騒然となったが、「価値あるものを、それを求めている人に提供する」という私の信念は揺らぐことはなかった。「ファッションに国境のない時代」の追い風を受けて、さらに前進を続けた。

命をかけた商品こそが支持される

東京オリンピックが開催され、新幹線が開通した昭和三十九年に、水上商店は本格的な東京進出に乗り出す。「銀座マギー」を始めとする有名専門店とも取引が始まった。

この頃、西武百貨店が服の仕立ての過程を簡略化した「イージーオーダー」を打ち出し、評判となっていた。池袋の本店に、全長二百七十メートルという巨大な専用売り場を設け、そこにマネキンをずらっと立てて派手に展開していた。西武からの依頼を受けて、水上商店もそのイージーオーダー販売に参入し、好調な売り上げを記録した。

翌年には、靭公園前の本社内にショールームを設け、これまでホテルの一室を借りて行っていた展示会を社内で行えるようにした。日本人デザイナーとして初めてパリでショーを開催し、現在の皇后陛下のデザイナーをつとめたことでも知られる中村乃武夫先生や、「ＫＩＭＩＪＩＭＡ」ブランドをつくり上げた君島一郎先生など、そうそうたるファッションデザイナーの方々や、一流の服飾メーカーの仕入れ担当者などが次々と訪れ、うれしい驚きとともに、商品が高い評価を得ていることを実感した。

大阪万博が開催された昭和四十五年頃には、日本人のファッションセンスはさらに洗練され、ヨーロッパ製品の人気も高まっていた。同時にメイド・イン・ジャパン製品の品質も向上し、輸入品と国産品との間に品質の差がほとんどなくなっていく。にもかかわらず、輸入品が高価すぎるという状況は、解消されないままであった。そこで、輸入品を安く消費者に提供することを考え、新たに輸入を手掛けることにし、併せて社名を「ラビアンヌ」に変更した。

昭和四十年代は、「マンションメーカーの時代」でもあった。東京・表参道の、現在「表参道ヒルズ」がある場所には、「同潤会アパート」という戦前に建てられた集合住宅が並んでいた。そうした都内のアパートやマンションの一室で、独自のセンスで服づくりをする若手デザイナーたちが、ファッション業界で台頭してきたのである。

服づくりには当然、生地が必要である。いち早く国際的なセンスのプリント生地を手掛けてきたラビアンヌの商品は、こうしたファッション業界の多様化、活性化を受けてますます人気の的となり、つくれば売れるという状況になった。

そこで、こうしたマンションメーカーからの注文に対応するため、表参道に出張所を設けた。表参道と明治通りの交差点近くにマンションの一室を借り、サンプル生地を下げたハンガーラックとファックス、留守番電話を置いただけのスペースである。

表参道界隈を拠点とするマンションメーカーのデザイナーたちは、近所にあるその出張所に気軽に立ち寄り、サンプルを見て、気にいったものがあればそこにあるファックスか電話で大阪のラビアンヌに注文を出せる。

デザイナーたちは夜に来ることが多かったので、出張所のテーブルの上には日本酒の一升瓶をどんと置いて、自由に呑んでもらえるようにしておいた。そのため、いつしかその出張所は彼らの間で「ラビアンヌ・バー」という名で親しまれるようになった。

しかし、昭和四十九年のオイルショックを契機とする不況で状況は一変し、マンションメーカーの時代は終わりを告げることになる。

華やかな「ファッションデザイナー」として脚光を浴び、高級自動車を乗り回すような生活をしていた彼らだったが、内実は零細事業で不況の中を持ちこたえる力もなく、次々に行き詰まっていった。結果として、ラビアンヌでも短期間に受取手形のうちの六千万円分が不渡り手形になってしまった。

ラビアンヌの取引条件は非常に厳格である。自分たちが命をかけてやっている以上、取引相手にも命をかけてもらわない限り、信じることはできない。そのため、担保力のなかった彼らに対しても、不動産を担保として預かることを条件に取引に応じていた。それを任意で売却させるなどして、六年ほどかけて八割近く回収し、なんとかこのピンチを切り抜けた。我が社の顧問弁護士の尽力もあり、担保不動産を取り上げる形にはせず、彼らが事業を再建できるよう計らいながら進めたため、彼らからも感謝された。

マンションメーカーのデザイナー、および社長には、手形も切らず、「あるとき払いの催促なし」での取引を望む者も多かった。しかし、そのような甘い考え方で、人が喜んでくれる洋服などつくれるはずがないと私は考えていた。

着る人に喜んでもらうために、命をかけてつくり上げた洋服は、すみずみまで神経が行き届いているので、ひと目見ればわかる。そうした商品こそが、消費者に支持される。切りそこなった糸が飛び出ているような服に何十万円という値段をつけられても、買う人などいるわけがない。どの角度から見ても理想通りのものであれば、誰もが喜んでその価値を認めて手に入れようとする。

つくり手が命をかけ、誠心誠意、心をこめて取り組むからこそ、いいものが生まれ、見る目のある人に、その価値を認めさせることができる。それができる人だけが生き残れる世界なのだと思っている。

とりあえず服をつくってみて、売れたら生地を発注する、などという考え方で成り立つほど甘い仕事ではない。しかし、ファッションが大衆化するにつれ、そうした考え方をもつ業界人が、少なからぬ割合を占めるようになっていく。そのような考えを持つ相手と取引をしてまで、「ラビアンヌ」を拡大させる意味はない。しだいに私はそう考えるようになっていった。

自分たちがつくり上げた質の高い商品を、その価値を理解してくれる人だけに売ればいい。ターゲットを絞り、その分市場を広げ、世界に向けて売ればいい。その思いは、のちにいっそう鮮明になっていく。

「ワンルーム」の生みの親

ラビアンヌのもうひとつの柱である、不動産事業についても記しておきたい。

ファッションという仕事は、世間では一風変わった商売と見なされがちで、担保力が弱いという側面があり、そこを強化することが独立当初からの課題であった。

独立して利益が上がるようになった頃、銀行の担当者に利殖方法として不動産投資を勧められた。本業の商売が、神経も頭も体力も酷使するものなので、利殖方法はなるべく神経の消耗が少なくて済むものがよい。それには不動産投資が最適だと言うのである。

そこで早速不動産屋に行ったところ、茨木市内によい物件があり、十五万円の手付金を払った。すると残金を支払う前にその物件が売れ、十五万円がわずか一カ月で倍になった。この経験をきっかけに、不動産投資を真剣に勉強するようになった。

昭和四十一年、ヨーロッパのファッションの最前線を視察するため、ヨーロッパ研修旅行に参加した。為替レートが一ドル三百六十円で、現金の持ち出しは五万円までに制限されていた頃のことである。海外渡航経験者からアドバイスを受け、洋服の裏のそこかしこに現金を縫い付けて二十万円持参したが、いきなりローマの日本料理店で二十二万円の支払いを求められて泡を食うなど、数々のハプニングにも見舞われた。

昭和41年、ファッションの最前線を視察するため、ヨーロッパ研修旅行に参加。ローマ（写真）の街並みを見て、日本では駅を中心に広い道路が整備されていくだろうと予想し、不動産事業の方向性を決めた。

その旅で、フランスやイタリアのファッションビジネスを視察し、大きな収穫を得たが、同時に印象に残ったのは、ローマの街並みであった。石造りの古い街並みで、道路幅が非常に狭い。これから日本では、駅を中心に広い道路が整備される形で街の開発が進んでいくだろうと予想し、今後はなるべく駅に近い場所に不動産を持つという方針を固めた。

その後、社員の持ち家制度のために堺市内に土地を購入したが、ほどなく府立高校の建設にからんで大阪府に提供することになった。その際、購入価格の約三倍の金額で買い上げられたため、その差益で昭和四十五年、東京・渋谷のＮＨＫの正面にある土地を購入し、そこにラビアンヌの東京店を構えた。東京店の責任者には、敦賀高校を卒業後、ラビアンヌに入社して修業を積んでいた末弟の勝が就任した。さらに昭和四十七年に不動産事業部を立ち上げ、以降、マンション経営などの事業を手掛けている。

不動産がらみで印象深いのは、期せずして「ワンルームマンションの発案者」となったことである。

私は商談で東京と大阪を頻繁に行き来していたのだが、その際に頭を悩ませていたのが、宿泊先の確保だった。東京で交通アクセスのよい場所に、ひとつマンションの部屋を持っていれば、出張のたびにホテルを探す必要がなく、安心して仕事に集中できる。また、大阪にも同様の部屋があれば、東京の取引先や、東京勤務の社員が大阪に来たときの商談場所や宿泊場所として活用できる。

出張時の悩みからワンルームマンションを発案。そのさきがけとなり、発売2時間で480戸完売した「STUDIO 新大阪」。

しかし、住まいにするわけではないので、普通の住居用の部屋では広すぎて持て余してしまう。そうした用途に最適な、ホテルのシングルルーム程度の広さの物件があればと、常々考えていた。

昭和四十年代の終わり頃、旧知の仲である丸紅不動産の専務と会って茶飲み話をしていたときのことだ。その専務は元々丸紅の繊維部門にいたのだが、のちに不動産部門に移っていた。彼に何気なく、この「小さく使い勝手のいい部屋」のアイデアを話したところ、彼は膝を打ち、すぐさま不動産部の部長を呼んだ。

「例の新大阪駅前のプロジェクトの件、これで行ってみんか？　水上さんのアイデアは、これまでもファッションでよう当たったんや。そやから間違いないはずや」

こうした経緯で丸紅が私のアイデアを取り入れ、新大阪駅前に完成させたのが、ワンルームマンションのさきがけである「STUDIO新大阪」である。大変な評判となり、発売二時間で四百八十戸が完売した。ラビアンヌはそのうち十戸を購入させてもらう予定だったのだが、予想を超える反響のすさまじさで、結局六戸しか回ってこなかった。

丸紅はその後、東京都内でもワンルームマンションの開発を進め、ワンルームのエキスパートとして名を高めていく。「STUDIO新大阪」は、現在も同じ場所に存在しており、人気を保っている。現在は日本じゅうに当たり前に存在しているワンルームマンションだが、その潮流はここから始まったと言ってよく、私もそれに一役買ったと自負している。

第五章

ほかにはないアイデアが道を開く

「トータルファッション」のアイデアを実現

あまり知られていないことだが、戦後、日本の服飾文化の主流が呉服から洋装へと移り変わっていく中で、ファッション業界をリードする役割を担った人材には、海軍兵学校の出身者が多かった。

服飾評論家のうらべまこと氏もそのひとりで、やはり海軍兵学校OBだった伊藤忠の入貝氏を通じて、私はうらべ氏と親交を持つことになった。日本のファッションビジネスの規模がどんどん拡大し、商品や店舗が爆発的に増え続けていた時代だった。三人で酒を呑みながら話していると、この時代に競争を勝ち抜くには何をすべきかといった話題になることもよくあった。

私はその当時、日本の住宅事情が進歩しているにもかかわらず、ホームウエアに対する一般の意識がそれに追いついていないと感じていた。立派な応接間を持ちながら、そこで来客をもてなす主婦の服装は、スポーツウエアまがいのものであったりする。

外出着に気を配るのはもはや当たり前になったが、これからはルームウエアやナイティなど、室内着の重要性が高まる。着ている時間が長いものなのだから、それを着て過ごす時間が楽しくなるようなもの、たとえば美しいプリント生地や、やわらかく着心地のいい生地など、外出着なみの上質な素材を使用したものをつくれば、高価でも売れるはずだ。

そんな話をすると、うらべ氏がニヤッと笑った。後日、ファッション業界の経営者が集まる講演会で、氏がそのままの内容の話をしていたと聞いた。

昭和四十年頃には、日本の生地は世界で高い評価を得るようになっていた。戦後、十分な機械もない状態から、豊田織機などによる機械の開発を経て、短期間で生産技術が目覚ましい進歩を遂げたのである。プリントの技術も向上し、モチーフの細かい色合わせなども可能になった。

そうした技術を活かし、同じ素材で無地や大小のモチーフのプリント生地をつくり、そのコーディネイトを楽しめるファッションを提案してみてはどうか。この「トータルファッション」のアイデアを、私に持ちかけてきたのは伊藤忠の入貝氏であった。

本当は伊藤忠で手掛けたかったのだが、商社ではそこまでの小回りがきかないという事情もあり、実現を私に託してきたのである。「これは行ける」と私は感じた。

早速、メーカーと生地の企画を進めたが、同時にその生地を使って「トータルファッション」を表現する、服のつくり手が必要であった。

その頃、東京にまだ二十代になったばかりの若手女性デザイナーがいた。祖母、母と三代続くデザイナー一家に生まれ、十九歳のときにはすでに母のショーに参加して、自身の作品を発表していた。私はメーカーの担当者とともに、彼女の母が銀座に開いていたブティックの二階にあったアトリエを訪ね、「トータルファッション」のアイデアを、彼女に持ちかけた。「やってみたい」と彼女は乗り気になり、すぐにデザインに取りかかった。

当時はミニスカート全盛の時代だった。彼女がデザインしたのは、ミニ丈のドレスとショートパンツを同系統の生地でコーディネイトしたスタイルだった。同色のショートパンツとのコーディネイトで、洗練された統一感があるだけでなく、スカートの中が見えてもファッショナブルなスタイルであるため、ミニスカートでも活動的になれる。

そのスタイルが銀座のブティックのウィンドーにディスプレイされ、そのディスプレイの写真が、銀行のＰＲ誌の表紙を飾った。早速それをうらべ氏が新聞や雑誌で記事にする。またたく間にその女性デザイナー、鳥居ユキさんは人気デザイナーとなった。その後、プレタポルテ（高級既製服）ブランド「ユキトリヰ」を立ち上げ、現在も日本を代表するデザイナーのひとりとして活躍されているのは周知のとおりである。

さらに「トータルファッション」で私が打ち出したのは、バッグとのコーディネイトである。と言っても、手に持つバッグと洋服をコーディネイトさせるのは、少々やり過ぎのように感じた。そこで考えたのが、化粧品などを入れて持ち歩くミニバッグを、洋服と同じ生地でつくることだった。たとえば外出先で化粧直しをするとき、着ている洋服と同じ生地のミニバッグを取り出すと、そのさりげないコーディネイトが人目を引き、おしゃれの楽しさを味わえる。

まずミニバッグを五百個つくり、デパートの特別招待会で、それを先着五百名に無料でプレゼントした。それをもらった人は、会場内でミニバッグと同じ柄の服地を見つけ、喜んでそれを買ってくれる。

ただ品物を売るだけではなく、コーディネイトの楽しさという付加価値で、その人の生活を楽しくする。それによって喜んでもらう。その手ごたえを感じた。そして、これをもっと広げていくにはどうすればいいかと考えた。

傘と洋服とのコーディネイトに着目

次に私が注目したのは「傘」だった。

当時は、傘と言えば黒か紺のものがほとんどだった。しかし私は、洋服とコーディネイトできる傘があれば、雨の日も楽しく過ごせるのではないかと考えた。レインコートと傘を同配色でつくってみるのも面白い。

そう考え、服飾メーカーに営業に行っている社員に、傘メーカーにも行ってみては と提案したが、彼らは新規開拓の難しさを知っているだけに、「傘メーカーがうちの生地を買うはずがありません」と、誰も行きたがらなかった。

そこで、まだ事情がよくわかっていない新入社員に、サンプルを持たせて傘の製造販売をしている会社に向かわせた。

すると、いきなりラビアンヌの新人が来て、華やかなプリント生地のサンプルを見せられた、傘メーカーの社長は面食らった。

「この生地で、いったい何をせいと言うんや？」

何しろ新人なので説明も要領を得ない。いったんは断ったが、「社長に言われて来た」と言うのが気にかかる。何か特別な考えがあるのかもしれない。「それならいっぺん社長に会わせてもらおう」と、傘メーカーの社長はラビアンヌにやってきた。

プリント生地で傘をつくるという私のアイデアに、彼は難色を示した。大事に洋服ダンスにしまわれる洋服と違い、傘は玄関先に置かれるだけで、家の中にさえ入れてもらうことのない道具に過ぎない。だからこんな高価な生地ではとてもつくれないと言うのである。

「傘は、雨が降っているときしか持ってはいけないものではありません」

私はそう切り出した。傘は雨の日ばかりでなく、くもりの日に持ち歩くこともある。洋服と同じプリント生地の傘を持っていれば、街歩きも楽しくなる。そんな傘なら、洋服ダンスにも入れてもらえるかもしれない。ただし、安く売ってはいけない。一本一万五千円以上の傘であれば、手に入れた人は洋服と同じように大切に扱ってくれる。

「そういうことなら、やってみよう。では、早速生地を分けてくれ」

これがプリント傘の始まりだった。でき上がってきた高級な傘は、洋服の専門店で販売した。いわゆる「洋服屋さん」には、洋服しか売っていないのが当たり前だった当時、洋服とコーディネイトされた傘までが置かれているというのは斬新で、ファッションセンスのいいお客様の目を引いた。それによって傘そのものが売れたのはもちろん、店のPRにもなった。

傘メーカーにとっても、台湾などで製造した千円の雨傘をスーパーに卸すのとはわけが違う。メイド・イン・ジャパンの一万五千円の傘を、その価値がわかる人に買ってもらうとなれば、心斎橋でもナンバーワンの高級専門店に置いてもらうことになる。新たなカテゴリーの取引先を獲得できるのだ。

この高級プリント傘が当たり、次の展開はどうしようかと、傘メーカーの社長からあらためて相談を受けた。

「それなら、今度は傘の専門店に、洋服を置いてもらったらどうですか」

洋服の店に傘を置き、傘の店に洋服を置く。現在ではどこでも当たり前になっている、洋服と雑貨を組み合わせて売る手法を、こうしていち早く展開した。

新たなアイデアは、「困っている」ところから生まれる。

洋服の店がどんどん増えて飽和状態になり、どの店も、他店より少しでも抜きん出るにはどうすればいいかと模索している。それなら他の店が置いていないもの、たとえば傘を置くというのもひとつの方法である。

傘メーカーにしても、安い商品の価格競争で消耗しているという状況があった。洋服とコーディネイトした傘を打ち出せば、一気に差別化をはかれる。洋服の専門店のウィンドーにディスプレイするだけで、高級な傘が飛ぶように売れるのだ。さらにはそのつながりを活かして、洋服の販売を手掛けるところまで事業を広げることができる。

誰かが何かに困っている。それをどうすれば解決できるのか。それを考えていけば、半歩抜き出る方法が自然にひらめく。

現状はこうだが、次はどうあるべきなのか。消費者は何を求めているのか。それを見つけ出す上で必要なものは、誠意と集中である。

私は当時、ダンスを踊っているときでも、一緒に踊っている相手の体重をほぼ正確に言い当てることができた。大阪の中心地を走る地下鉄に乗って、乗り合わせている人たちの服装を見れば、どの人がどの駅で降りるかだいたいわかった。梅田に買い物

店の野球チームのユニフォームは、売り物にならなくなった上質の生地でつくった。アイデアしだいで差別化をはかれる面白さに気づく。

に行く人なのか、本町界隈の商社あたりに勤めているのか、淀屋橋の金融関係で働いているのか、着ているものだけでほぼ判断がつく。集中することで感覚が研ぎ澄まされ、そうしたものが自然に「見える」ようになったのだ。

そう言えば、石原商店に勤めていた頃、こんなことがあった。店の野球チームのユニフォームを、店にあった上質な純毛の生地でつくった。虫食いで穴があいてしまい、売り物にならなくなったものだが、捨てるのは惜しいので活用することにしたのだ。ある日、高級服地でつくったそのユニフォームを着て電車に乗っていたら、たまたま目の前にまったく同じ生地のスーツを着ている人がいた。しげしげと私のユニフォームを眺める、その人のあぜんとした表情が印象に残っている。アイデアしだいで差別化をはかれるという、その面白さに目覚めたのはこのときだったかもしれない。

誰かの困っていることに着目すると、そこからアイデアが次々と湧き出し、その困りごとを喜びに転換することができる。だから私はこの仕事が楽しくてたまらないのだ。

ひと足早く次の流れに踏み出すのが肝心

「トータルファッション」のプリント生地は、さまざまな種類を小ロットで生産することになるため、繊維メーカーとしては採算をとるのが難しい。デザイン的に冒険だったこともあり、手を引くメーカーもあった。

そんな中、東洋紡はプリント生地の生産に意欲的であった。「東洋紡オリジナルプリント」として、伊藤忠の特殊織物課を窓口にして世界に売る戦略を進め、その国内販売についてはラビアンヌが独占で担うことになった。

一種のデザインにつき二万メーターの生地を生産し、それを千メーターずつ分け合う形で、世界二十カ国で販売する。売り先を地球規模にすれば、たとえば夏物の生地も、北半球で夏が終われば南半球が夏を迎えるので、年間を通して需要が見込めることになる。海外向けに追加生産するタイミングに合わせれば、国内販売分の追加オーダーにも柔軟に対応できる。それも「オーストラリアから○番のオーダー来たで」「じゃあ、国内向けに三百メーターだけ乗せといてや」といったやりとりが電話一本でできる、下山氏の存在があったからできたことだ。

輸出先のアメリカなどでは、売れるとなったら一気に追加発注をかけ、一年で二百万メーター売るなどということもあったようだ。しかし、一度にそれだけ売ってしまうと、出回り過ぎて価値が下がるのも早くなり、翌年にはもう続かなくなる。

ラビアンヌでは、服飾メーカーの展示会で販売ルートを確認し、翌シーズンの傾向を見定めた上で発注し、値崩れを起こさず持続的に売れる体制を整えた。結果的に、この「東洋紡オリジナルプリント」の販売は十六年に渡って続いた。トータルではラビアンヌが手掛けた国内分が最も多く売れ、このプロジェクトを通じて東洋紡との信頼関係も深まった。

「東洋紡オリジナルプリント」を手掛け始めた当初は、プリント生地の人気はそれほど高くなく、ラビアンヌの社員が服飾メーカーに営業の電話をかけても、「プリント」の「プ」と言いかけただけで、即座に「いらない」と電話を切られるようなありさまだった。

しかし私は、近いうちに必ずプリントの時代が来ると読んでいたので、社内の営業マンにも粘り強く売り込みをしてみるよう勧めた。

「とりあえず一着だけでも、この生地でサンプルの洋服をつくってくれと頼んでみなさい。それで評価を仰いでもらえば、きっとわかってもらえるはずや」

しかしなかなか売れない。営業マンの中にはすっかりやる気をなくした者もいた。

そんな中、「だまされたつもりで買った」という服飾メーカーも、わずかながらあった。

すると翌年、プリントの人気の兆しが見えてきた。前年に「だまされたつもりで買った」人たちが、手ごたえを感じ始める。そしてさらにその翌年、プリントのブームが一気に花開いた。「ラビアンヌがあのとき、言っていたことは本当だった」と感謝される一方、「あのとき、手を出していれば」と悔やんでいた人も多かったようだ。

プリント生地は売れに売れ、一時は営業マンが営業に出る必要がなくなったほどだ。服飾メーカーのほうから、「見せてくれ」とラピアンヌの東京社に押し寄せてくる。営業の社員は、それに対応するだけで大わらわだった。

ファッションの「流れ」は速い。だいたい三年で流れが変わると言っていい。無地のものがよく売れる時期が三年続けば、次はプリントの時代になり、また三年で別の流れが来る。だから三年目あたりで、ひと足早く次の流れに踏み出すことが肝心になる。流れが変わってからでは遅いのだ。その変わり目の時期は苦しいが、それでもあきらめずに努力を続けていると、翌年には花開く。

その意味では、常に先を追っていかなければならないのだが、一方で重要なのは継続性である。

ファッションを提供することで、人に喜んでもらう。それがまず大前提にある。しかし、服を買ったその瞬間だけ、お客様に喜んでもらえればいいのではない。

いい洋服を着れば姿勢も歩き方もよくなる。人に褒められて自分に自信が持てる。形を整えることで心も整えられ、体も健康になる。服を買ったその先の喜びまでを考えて、リピーターになってもらわなければならない。

私たちのような問屋は、生産者と消費者をつなぐ中間の存在である。服を販売する洋装店や、エンドユーザーである消費者に喜んでもらい、一方で生産者を応援する必要がある。なるべく経費をかけず、効率よくいいものをつくれるよう手助けしなくてはならない。だからこそ、繊維メーカーとも商品開発の段階から関わってきた。

たとえば生地を織る際、最後の一メーター分だけ、タテ糸はそのままでヨコ糸に別のものを使う。十種類のヨコ糸でそれぞれ十センチずつ織れば、ほとんど手間をかけずに十種類のサンプルができ上がる。そのサンプルをたたき台にして開発を進めていく。そして、効率的にでき上がった複数種類の生地を、一種類につきひとつの服飾メーカーで独占して製造販売してもらう。消費者はほかのどこにもない商品を手に入れ、人に自慢できると喜んでくれる。

さらに、洋装店やデザイナーに商品を認識、理解してもらいながら次の流れを読み、それをもとにメーカーに開発の提案をする。それにより、メーカーも原料の仕入れの計画が立てやすくなる。こうして開発の段階からアイデアで役に立つことで、東洋紡や深喜毛織などのメーカーとも、長く親密なつきあいを続けることができた。

メーカーに効率よく生産してもらう。それを洋装店に「これはこういう人に買ってもらってください」とアドバイスして売ってもらう。それを手にしたお客様が喜んで、その店のリピーターになってくれる。このように、関わる誰もが幸せになる形をつくることが、私たちの役目なのだと思っている。

仕事は「人間」としてやってはならない

仕入れをするには、代金を払わなければならない。支払うと約束したものが払えなければ、相手の目の前で腹を切ってもいい。そういう覚悟でやってきた。借りたものは返す。裏切ることは切腹に値する。豊かであり厳しくもある自然の中で、人々が支え合って生き抜いている田舎で育ったので、そのような感覚がしみついているのかもしれない。

やるからには命をかけてやる。物心ついた頃には戦死することが人生の目標となり、人生の一時期まで、いわば死ぬために生きてきた私にとって、「命をかける」とは、決して大げさな表現ではない。また、それほどの思いで取り組まなければ、本当の意味で成功をつかむことはできないと考えている。

ただ時代の波に乗って商売しているだけでは、一時的にうまくいくことはあっても、いずれだめになってしまう。実際にそのようなケースもたびたび見てきた。

どんな服飾メーカーでも服をつくれば売れるという、マンションメーカー全盛期の頃、ラビアンヌと取引していた、ある服飾メーカーの若い社長もそうだった。独立して会社を立ち上げた早々に商売が順調に回るようになったため、商売を甘く見ているようなところがあり、ラビアンヌの社員に対しても、生地を「買ってやっている」という横柄な態度を取ることがしばしばあった。

暮らしぶりも派手だったが、実は彼自身に担保力はほとんどなく、裕福な実家の存在があって取引が成り立っているような状況だった。そんな彼に、ある日私はこう忠告した。

「我が社の生地を使ってくれるのはありがたいが、実際、そちらの支払いには不安がある。いま我が社は、社長であるあなた自身ではなく、社長の親御さんを信用して取引しているに過ぎない。いまは順調かもしれないが、『実るほどこうべを垂れる稲穂』

という言葉もある。社長自身が信用を得られるよう、謙虚に努力しなければ、いずれ取り返しのつかないことになる」

実際、この懸念は的中した。彼の事業はほどなく行き詰まり、会社は倒産した。

「水上社長に言われたとおりになりました」

彼はそう頭を下げてきた。彼は事業の再建を望み、ラビアンヌと再び取引をしたいと申し入れてきた。しかし、彼自身が信用に足る存在であることを示すことができない限り、それに応じるわけにはいかなかった。以後、彼とは純粋に友人としてのつきあいを続けた。

私は「仕事」と「人間」を分けて考えている。私は福沢諭吉の「十綱」を引用して社員訓をつくっているが、その中にこんな項目がある。

「仕事は、人間であっては、決して正しい仕事にならない。（仕事には規律、決めごとなどのルールがあり、情や心を加味しないからである）」

仕事は「人間」としてやってはならないのだ。情などには左右されず、法律などのルールに厳密にしたがって行うべきものである。ファッションビジネスは、一歩間違えば「詐欺産業」と言われるような仕事である以上、なおさらルールを忠実に守って進めなければならないのだ。

私は取引先を招いての新年会などでは、銀行ではなく商社や仕入先に必ず上座をすすめていた。銀行には不服そうな顔をされることもあったが、ラビアンヌとの取引では、銀行は担保をとり、十分にリスクヘッジをしている。それに対して、伊藤忠や丸紅などの商社は、ラビアンヌに無条件で一億円を超す取引限度額をつけてくれていた。私にしてみれば、担保もとらず、保証人すら求めず、私個人に対する信用だけで一億円も貸してくれる存在のほうがよほど大事なのだ。

前述のように、ラビアンヌの売り先に対する取引条件は非常に厳しい。不動産のない相手であれば取引口座は開設しないし、連帯保証人も必ずつけてもらう。そのルールは徹底していた。

商社から、なぜそこまで厳しくしているのかと尋ねられたことがある。私はこう答えた。

「あなたたち商社が、保証をとった上で私と取引をしているのであれば、私もここまではしない。あなたたちは、何の保証もとらず、ただ口約束だけで私を信用してくれている。うちが取引条件を厳しくしているのは、その信用を守るためだ。いい加減な取引でうちが損をこうむれば、あなたたちをはじめ仕入先の皆様との約束が果たせなくなる危険に陥る。そうなれば、信用を裏切ることになる」

仕事をするには「人間」であることを超えなければならない。その覚悟と引き換えに、誠意を貫き、人間として守るべきものを守り抜くことができるのだと思う。

希少性と優位性を備えた「世界一のコート」を販売

「繊維の宝石」と称されるホワイトカシミヤは、カシミヤ山羊の貴重なうぶ毛を原料とし、極上のやわらかさと上品な光沢を持つ高級毛織物である。

カシミヤ製品の製造で知られる深喜毛織とは、昭和三十年代からつきあいを続け、信頼関係を築いてきた。

価格の高い高級毛織物を売るには、企画力が必要になる。ここでもやはり、同色で無地やプリントのものを揃えてトータルコーディネイトができるようにし、服飾メーカーに提案する方法をとった。組み合わせ方を毎年少しずつ変えて提案することで新鮮さを保ち、継続して多くの量を販売することができた。こうしたアイデアが功を奏し、「ラビアンヌと組むと効率よく売れる」と、深い信頼を得るようになった。

平成に入った頃、深喜毛織が最高級のホワイトカシミヤのリバーシブル化に成功し、その販売をラビアンヌが手掛けることになった。このすばらしい素材の魅力と価値を、最大限に堪能してもらえるものを消費者に提供したい。そこでつくり上げたのが、ホワイトカシミヤを百パーセント使用し、最高の技術で仕立てた究極のコートである。

まず原料の段階で厳選し、それを糸にして織る工程ごとに、手作業で検品を重ねる。織り上がったら起毛させて表面をきれいに整え、再び念入りに検品する。黒い点のような糸が少しでもあればピンセットで慎重に取り除き、すみずみまで真っ白につくりあげる。最終的に合格品となる「A反」は、織った五十反のうちわずか二反ほどしかとれない。

まさに宝石なみの価値を持つ、この贅沢なホワイトカシミヤを使用したコートを「世界一のコート」として売り出した。価格は八十万円である。

これほどの高級品になると、たとえ高級専門店であっても、店に置いておけば売れるというものではない。その価値を認め、手に入れたいと望む人に着実に届ける方法を考えなければならない。

そこで、デパートの外商部を通じての販売が最適であると判断した。取引先に選んだのは髙島屋の外商である。以前、大丸と組んで輸出用プリント生地の販売を行っていたとき、髙島屋から「うちともぜひ取引を」と声をかけてもらっていた。しかし我が社は一業種につき一社との取引を原則としており、お断りした経緯があったため、いずれ取引をする機会があればと考えていた。

さらに、髙島屋には高校の同級生である早川芳信氏がいた。取引開始にあたっては、髙島屋側に早川氏と旧知の方々が多かったことが幸いし、交渉がスムーズに進んだ。

こうして髙島屋の外商を通じた「世界一のコート」の販売が始まる。外商部員が上得意客の自宅を訪ねて商品を提案するのである。このコートは「一生涯、そして孫の代まで大切にご利用いただけるもの」であり、「嫁入り道具にぜひ入れていただきたい品」である。外商部員の方には、そう自信を持ってすすめていただくようお願いした。

実際、ここまでの高級品となると、すでにひとつの「資産」だと言っていい。保険会社と組んで、汚したり傷をつけたときのための保険付きで販売することも検討したほどである。

このコートは、メイド・イン・ジャパンの最高級品という、希少性と優位性を備えている。ヨーロッパの高級ブランドのコートは、どんなに高価なものであっても、お金さえ払えば世界中の誰もが手に入れられる。必ずしも上流の人ばかりが着ているとは限らないし、人が集まる場では、同じものを着た人とバッティングしてしまう可能性もある。

しかしこのコートは、メイド・イン・ジャパンで、なおかつ髙島屋の外商を通じて買った確かな人だけが着ているという価値がある。

その価値を理解し、ワードローブに加えてくださったお客様のひとりが、竹下登元首相夫人である。それにより、元ファーストレディの品格にふさわしいコートという、新たな価値が加わることになった。その後も「世界一のコート」は順調な販売が続き、髙島屋外商部で十二年間にわたり、売り上げナンバーワンを記録することになる。

東京の中心地にハイファッションの拠点を建設

ファッション業界のリーダー企業となることを目指し、創業以来ひた走ってきた私にとって、東京の中心地にハイファッションのアンテナビルを建設することは、長年の夢であった。

平成六年、その夢が実現する。渋谷のＮＨＫ西口正面の地に、ラビアンヌの新社屋となる東京ビルが完成したのである。

鉄筋コンクリート造りの地上七階、地下一階のビルで、イタリア直輸入品を用いた総大理石の外壁が、壮麗であるとともに周囲の環境と美しく調和している。ビルの高さは一般のビルの十二階分に相当し、内部は天井高が高くとられた、ゆったりとした空間になっている。一階はラビアンヌのショールームとして、ホワイトカシミヤの「世界一のコート」や、東洋紡が開発しラビアンヌが販売している合成繊維「ジャンドール」を展示し、二階以上はＮＨＫに貸与している。

竣工式には商社、メーカー、銀行、建設会社など多数の関係先の方々が駆けつけ、心のこもったお祝いの言葉をいただいた。

ＮＨＫ前という注目度の高い立地に出現した、この端正なたたずまいのビルは多方面から賛美と注目を集めた。ＮＨＫのプロデューサーによる、芸能関係者を招いた大規模なパーティーの会場となったほか、テレビドラマのロケなどにも利用され、そのたびに華やかなにぎわいを見せている。

私はこのビルを、二十一世紀のメイド・イン・ジャパンのハイファッションを世界に発信する拠点にしたいと考えている。だからこそ、それにふさわしい美観と品格を備えたものにしなければならないという思いがあった。

その思いがこうして形になったことは、私にとって大きな喜びである。しかし本当の意味での「完成」は、まだこの先にあると思っている。ここは、私が歩んできた道のひとつの到達点であると同時に、新たな夢の実現を目指す出発点でもあるのだ。

第六章

「神業師」の夢は終わらない

人材の引き抜きを「歓迎」する理由

ラビアンヌは多くの社員に支えられてきた。

彼らの仕事ぶりは、取引先の商社やメーカーからも高く評価されてきた。のみならず、ほれ込まれて引き抜かれる者も多かった。

優秀な人材が引き抜かれることは、会社の損失であり、望ましくないというのが一般的な経営者の感覚だと思うが、私は社員が取引先から引き抜きを受けた場合は、どうぞもらってくださいと「のしをつけて」送り出していた。とくに、大手商社など優良な企業から引き抜かれるとなれば、「のし」に加えて金一封をつけて渡してもいいとさえ思っていた。

ラビアンヌから巣立っていった人材は、その後も活躍することが多かったため、ラビアンヌは優秀な人材を輩出する、一種の「教育機関」としても注目されるようになった時代があった。同様の評判をとっていたファッション専門店「銀座マギー」とともに、「小売業界なら『銀座マギー学校』、問屋は『ラビアンヌ学校』」と並び称されることもあった。

私には経営者として、預かった社員をしっかり育て上げなければならないという責務がある。だから私が自分の経験から教えられることは、可能な限り教え込む。大学卒の社員でも、便所掃除から修業を積ませる。

あるとき、九州出身の社員の父親が、私と話をしたいと言って大阪のラビアンヌまでやって来たことがある。その父親は小学校の校長をしており、わざわざ教育委員会の許可を取って時間をつくって来たというので、私はてっきり苦情を言われるものと身構えていた。しかし、彼の口から出たのは予想外の言葉だった。

「ラビアンヌの教育には感服しております。息子がこの会社に入りたいと言ってくれたことは、親にとってこのうえない喜びです。これほどの教育をされていると知り、私は教育者として大変恥ずかしくなりました」

そう言って、本当にその後まもなく校長の職を辞されたと聞き、大変驚いた。

商店主や事業経営者などから「うちの息子を仕込んでくれ」と頼まれ、跡取り息子を預かることもあった。関西のある経営者の息子を三年の約束で預かっていたときは、一年後に父親がラビアンヌにやってきた。

「社長、申し訳ないが息子を返してくれ」

ラビアンヌの社員となって最初の夏休みに帰省した息子が、学生時代とはまるで別人になっていた。その予想以上の立派な成長ぶりに驚き、すぐにでもこの息子に自分の事業を手伝ってもらいたくなったと言うのである。約束よりもだいぶ早く「卒業」していったその息子は、後に自らも起業し、現在は上場企業の社長として活躍している。


ジーンズの縫製を行う会社の息子で、親元に帰ってからラビアンヌで得た経験を活かし、シルクのジーンズの生地をつくり、大当たりさせた者もいる。通常の綿ではなくシルクを使用するという斬新な発想のジーンズを、ラビアンヌ時代に築いた人脈を通じて売り込み、高級ファッションブランドのカジュアルラインに取り入れられて大ヒットした。


また、「将来はラビアンヌを任せてもらいたい」と言うほどの気概で入社してきたある社員は、その意気込みどおり、会社の発展と自身の成長のために熱心に働いた。

彼は社員寮に住んでいたのだが、社員寮に会社の費用負担で新聞をとることを私が提案したところ、彼はきっぱり辞退した。

「新聞のお金は自分で払います。自分で買った新聞であれば、すみからすみまで読みます。だから自分で買ったほうがいいんです。会社でとることはやめてください」

彼は平日の夜間や週末に、仕事上の勉強のために洋裁の専門学校に通っていたのだが、その授業料を会社で負担するという申し出も、同様の理由で断ってきた。会社にお金を出してもらったら、夜間の授業などは居眠りしてしまうかもしれない。自分で汗水たらして稼いだ金で授業を受けるからこそ、人一倍熱心に授業を聞き、払った授業料以上の価値を持ち帰ることができると言うのである。

最終的に、彼にはひとつの事業部門をまるごと渡す形で独立させた。彼はその事業を順調に発展させ、十数店舗を展開するまでになった。

ラビアンヌで私の薫陶を受けて育った者たちが、立派に成長し、多方面で活躍していることは、私にとって大きな喜びである。彼らはいまでも時折「社長、元気ですか？」と、ラビアンヌに立ち寄ってくれる。

前述のように、私はラビアンヌから社員が巣立っていくことを、「人材の流出」とはとらえていない。たしかに優秀な人材を失うことは惜しいが、彼らは巣立った後も決してラビアンヌを見捨てることはない。むしろラビアンヌの最大の理解者として、新たな場所でラビアンヌの役に立とうと努力してくれる。ラビアンヌを出たらつながりが切れるのではなく、それによってむしろ輪が大きく広がるのだ。

中には実力が伴わないまま引き抜かれ、新しい行き先でうまくいかず、再びラビアンヌに戻りたいと希望してくる者もいる。一度出て行った会社に再び頭を下げるというのは、相当に苦しい判断で、その裏にはよほど厳しい経験があったはずである。私はその経験を買い、「もう一度やってみなさい」と受け入れる。こうして再びチャンスを与えられた者は、必ずそれまで以上に努力する。一方でその努力を怠り、下落の道をたどる人も多く見てきた。

社員を失えば、一時的には損をする。しかし長期的な視点で見れば、彼らが外に出て行くことによって、つながりの輪が広がる。あるいは、ひとまわり大きく成長して戻り、いっそう貢献してくれることもある。いずれにしてもプラスになるのだ。「損して得とれ」という言葉もあるように、何ごとも目先の損得勘定だけで判断することは賢明ではない。「人」に関することは、とくにその通りだと実感している。

社員に自信をつけさせるのも経営者の役割

ファッションは生き物であり、その人を表現するものでもあるため、それを仕事にしている人間の言葉づかいは大事である。あいまいな言葉は避け、率直かつ明確な表現を意識する必要がある。

「どうでっか」

「ボチボチですわ」

大阪では、挨拶がわりの一般的なやりとりだが、ラビアンヌでは「ボチボチですわ」は禁句にしている。

代わりに「おかげさんでよう売れております」と答えさせている。

東京では「お世話になっております」と挨拶することが多いが、これも私に言わせればおかしな話である。代金の支払いが三カ月後や四カ月後という決済条件で売っている相手なら、こちらが相手のためにリスクを負っているわけで、何も世話にはなっていないどころか、むしろこちらが「お世話している」立場とさえ言える。

とはいえ、もうけさせてもらう相手なのだから、その利益に対してはお礼を申し上げる必要がある。だから「毎度ありがとうございます」と挨拶し、その上で少しでも厳格な取引条件に是正してもらうように交渉する。社員にはそれを徹底させていた。

ファッション業界は競争の激しい世界である。そこで生き抜くには、謙虚であらねばならないが、同時に決して卑屈であってはならない。

失敗すれば、誰しも自信を失う。しかし、チャレンジするからこそ失敗もするし、壁にもぶち当たるのだ。何もしなければ失敗もないが、成功も成長もない。やらないよりはやったほうがいい。そう腹をくくって挑戦し、そこで何か成果をつかむことができれば、より大きな自信を得られる。

自信は、新しいことに前向きにチャレンジする原動力になる。社員にその自信をつけさせることも、経営者の重要な役割である。

オリジナルの商品を企画・販売しているラビアンヌでは、社員が自信を持って商品を企画し、自信を持ってそれを売ってもらわないことには、事業が成り立たない。社員が企画してきた商品を、社長の私がやみくもに貶《けな》せば、その社員は商品に自信が持てず、不安半分で売りに行くことになる。売っている本人が自信なさげに差し出してくるものに、買い手が価値や魅力を感じるはずがない。

だから私は、社員が商品の企画を持ってきたら、「おお、ええやないの」と、まずその企画のいいところを見つけて評価する。そして、その商品がどこなら売れるか、その売り先をしっかり検討するよう指示して、ゴーサインを出す。

その後、Aという売り先に持って行き、断られたと報告してきたら、次はBに、さらにCとDにも持って行ってみればいいとアドバイスする。

その商品が「いいか悪いか」は、買い手が判断するものだ。どんな商品でも、それをいいと感じる人もいれば、そうは思わない人もいる。十人中九人が気に入らない商品でも、絶対にこれがいいと言う人がひとりいて、その人が買ってくれれば、それはその人のオリジナルのファッションになる。

どんな商品であれ、それを喜んでくれる人に提供することができるかどうかが肝心であり、それができたとき、その商品は価値を持つ。喜んでくれる相手は必ずいる。それを粘り強く探すしかない。するとそのうちに「これはよそにないものだし、あのお客さんなら欲しがるかもしれない」と、興味を示してくれる洋装店が現れる。

「ほら、売れたやないか。やっぱりお前のセンスはええんや」

そのタイミングを逃さず声をかける。さらに、どんなお客さんがその商品を買ってくれたか、評判はどうか、洋装店に確かめに行かせる。具体的な評価を聞くことによって、社員は成果を実感し、達成感と自信を得る。

自らのセンスに自信を持って商品を売り、その商品を身につける人に、自信という輝きを与える。ファッション業界で仕事をするということは、そんな「神業」の使い手になるということだ。

そして、「自分はセンスがいい」という自信を持つには、実際に生まれ持ったセンスがあるかどうかはあまり関係がない。人に喜んでもらうことをしようという努力さえすればいい。

私自身はそうしてきた。洋装店に販売の手伝いに行って、商品がよく売れれば店員さんや店主が喜んでくれる。店員さんは自信を持ってお客様に商品をすすめてくれる。それを買って身につけた人が、人から褒められて自信を持つ。

そのようにして、人に喜んでもらったことが、私の自信になる。それを続けているうちに、自分のコアがおのずとしっかりしてくる。自分に自信がなければ、一流のデザイナーや専門店の経営者などと互角に渡り合うことなどできない。

ファッションビジネスの経営者は、自らが「神業師」であると同時に、「神業師」を育てなければならない。人はそれぞれ個性を持っている。どの社員も、その人ならではのよさが必ずある。経営者はそれを引き出し、自信に変える「神業」も使える存在でなければならないのだ。

成功するために必要なのは「徳を積む」こと

私のように、特別なものは何も持っていない人間でも、ここまで来ることができた。「なせばなる」という言葉が、私は好きだ。どんなことも、できないとは思わずにやってみる。誰かに「やってみないか」と持ちかけられたことは、可能な限り挑戦してみる。素直に教えを乞いながらそれを実行し、うまくいけば「ありがとう」とお礼を言う。するとまた、何かあれば声をかけてくれる。

東京ビルの竣工式の祝辞で、深喜毛織の当時の社長が、水上は「人との縁や出会い

さる年の私、いぬ年の妻は「犬猿の仲」のはずが……。お互いに長所を出し合い、短所を補い合っていくことで、50年以上、無事に続いている。

を大切にしている」と評してくれたが、「袖摺り合うも多生の縁」である。何かの機会にたまたま接した人から、本人は意図していなくても、何らかのアドバイスのような言葉を聞けることがある。それを真摯に受け止めて実行すると、道が開けることもある。

いまの時代は、すべて自分自身で考え、実行することがよしとされる風潮がある。しかし、何かを実行するときに、その背中を押してくれる存在も必要なのではないかと思う。何かを成そうという志を持っている若い人に対して、「志した以上は努力が必要だ。なせばなる、信じてやってみろ」と、厳しさと信頼をこめてしっかり後押ししてくれる上司や先輩、あるいは経営者がいれば、若い人ももっとチャレンジできるのではないだろうか。

縁というものは面白いものだ。どのような出会い方でも、自分と近い考えで人生を生きている人とのつきあいは長く続く。また、そうでなければ自然に切れていく。

私と妻は「犬猿の仲」である。私がさる年、妻がいぬ年の生まれなのだ。結婚に際しては、それを理由に心配する声もあったが、本人同士は気にせず結婚した。猿には猿の、犬には犬の長所と短所がある。お互いに長所を出し合い、短所を補い合っていけばいいと考えていた。それで五十年以上、無事に続いている。

結婚後は、新年を迎えると住吉大社に初詣に出かけ、その帰途に御霊神社にも参拝するのが習わしになっている。その御霊神社でいただく「金のなる記」という色紙を、私はいつも目につくところに飾っている。

その色紙には、「金の溜まる人」の十カ条と、その対をなす「金の溜まらぬ人」の十カ条が記されている。

「金の溜まる人」の十カ条

感謝の生活をする人
収入以下で生活する人
夫婦仲のよい人
金や物を大事にする人
健康に心がける人
独立自尊心の強い人
仕事を趣味とする人
一事を貫く人
常に節約する人
儲けをあてにせぬ人

「金の溜まらぬ人」の十カ条

常に不平不満を言う人
見栄を張り贅沢する人
夫婦仲の悪い人
金や物を粗末にする人
悪友を持つ人
依頼心の強い人
道楽の多い人
三日坊主の人
常に借金する人
一攫千金の夢を見る人

成功するために必要なのは、この「金の溜まる人」の十カ条を忠実に実行することであり、それはシンプルに言えば「徳を積む」ということだ。私はこの十カ条を肝に銘じ、実践しようと努めてきた。

前述のように、私は「仕事」と「人間」は分けるべきだと考えている。だから仕事は情に流されず厳然と行う。一方で、仕事以外の場や家庭では、人間性豊かに過ごしたいと思っている。

稼ぐときは仕事なので、一生懸命稼ぐ。無駄な経費などは極力削る。その代わり、社会や地域のための寄付など、使うべきときには惜しまず使う。公私を混同せず、ふたつの面をきちんと区別することが大切だと考えている。

私自身はあまり自覚していないが、娘たちによると、私は家にいるときと仕事のときでは顔つきがまったく違うらしい。娘たちが学生時代、アルバイトで会社に経理の手伝いに来ると、「仕事中のパパの顔は怖い」と驚いていたものだ。

縁と言えば、三人の娘たちを授かったことも、私の人生の大きな喜びと幸せである。娘たちが幼かった頃、私は猛烈に忙しく働いており、家にいる時間がほとんどない生活だった。そのため、ある時期まで娘たちは、よく家に来ていた私の弟のことを父親だと思っていたらしい。ある日私が帰宅すると、「パパ！」と叫びながら私の横を素通りして、後ろにいた弟に駆け寄って行ったこともあった。

ファッション事業は「継がせる」ものではない。本人たちの意志を尊重して育てた娘たち。左から三女・珠美、長女・絹代、次女・敏恵。

子育てにかかわる時間が多かったとは言えないが、娘たちからやりたいことや進みたい道について相談を受けたときには、それが困難を伴うものであっても、時には妻と意見が対立しても、本人の意志を尊重して背中を押してきた。そのような形で私なりに父親としての役割を果たしてきたつもりだ。

三人三様の個性をはぐくんだ娘たちは、現在ではそれぞれに家庭を築いて充実した生活を送っており、父親としてはうれしい限りだ。三女の珠美はラビアンヌの継承を志し、現在、専務として修業中である。私の背中を見て育ってきたことで、彼女なりに心に期すものがあったようだ。

私自身は、事業を自分の子どもに継承させるということは、まったく考えたことがなかった。ラビアンヌの事業は、画一的な製品の製造業などとは違い、私自身の個性で築き上げてきたものなので、実の娘だから簡単に同じことができるというものではない。それでもあえてやりたいと言うのであれば、挑戦させようという思いで見守っている。私が私の個性でやってきたように、彼女なりの個性や能力を活かして、新たな展開を進めていってくれればと思っている。

希少価値を守る「スモール・イズ・ベスト」を貫く

ファッションで重要なのは希少価値である。希少価値があってこそ、それを手に入れた人に喜んでもらえる。どれほどいいものであっても、どこの誰でもそれを着ていたとしたら、高いお金を出して手に入れた人は興ざめする。

少しでも売れ始めると、その勢いに乗じて規模を急拡大するというのが、近年の日本のファッションビジネスの傾向である。前年に一億円売れれば来年は二億円と、倍々ゲームで売り上げを伸ばそうと考え、急激に売り場を広げ、店舗を増やしていく。しかし、そうなれば消費者は、希少価値を失ったブランドや商品に幻滅して離れていく。

ファッションは、産業的に展開してはならないものなのだ。たとえばヨーロッパのハイファッションブランドは、商品を決して量産せず、価格を下げることもしない。それでも欲しいと望む人、その価値を認める人だけが買ってくれればいいという姿勢を貫くことで、ブランドの価値を守り、ビジネスを持続させている。

ヨーロッパ研修旅行で初めてそのやり方に接したときは、「なんとのんきな商売をしているのか」と感じたものだ。しかしファッションビジネス、それもハイファッションに限って言えば、ヨーロッパ流のやり方こそが正道なのだ。

日本のファッション専門店の多くが、ひたすら数字を追う産業的な展開を進め、店舗を増やし続ける一方で、販売員への教育なども行き届かなくなり、いわば洋装のコンビニエンスストアと見まごう店が増えているのが現状だ。しかし、ラビアンヌがその流れに同調する意味はない。その流れを追えば、ここまで何十年もかけて築き上げてきたものが無に帰してしまう。

「スモール・イズ・ベスト」。会社自体の規模をむやみに大きくするのではなく、ファミリー的な会社で、世界に向けて売る。それがラビアンヌのファッションである。

量産はせず、価値あるものを、それに見合う対価を払ってでも手に入れたいと望む人だけに買っていただく。

ハイファッションの仕事は、このやり方さえ守ればうまくいく。人は誰もが多かれ少なかれ、自分は特別な存在であると思い、またそれを実感したいと望んでいる。価値あるものを提供することで、差別化を求める消費者の心理的ニーズを満たすことができれば、ファッションビジネスは成功し、なおかつそれを持続させることができる。ターゲットを絞り込んでも、市場を世界に広げれば、ターゲットとなる消費者のトータルのボリュームは増える。

日本では近年、ファストファッションブランドが隆盛をきわめ、多くのブランドや専門店がそれに追随する形で、価格競争が激化しているという構図がある。ファストファッションブランドの商品を真似て、さらに質が落ちる製品を、さらに安く売るという競争にはまり込み、多くの店が行き詰まっている。

いまはもはや、安さだけが求められる時代ではない。こだわりを持ってつくったものを、そのこだわりをしっかり打ち出す形で発信すれば、それを求める人は必ず現れる。そしてこの情報化社会では、そうしたビジネス展開は格段に容易になっている。その商品ならではの魅力やこだわりを打ち出し、差別化をはかる。いまはそれをインターネットで世界に向けて広く発信できるのだから、他にはないこだわりがあれば必ずどこかで評価される。大量生産や低価格化を進めるのは、こだわりというせっかくの価値を打ち消すことにほかならない。

モデルケースとなりうるものの一例を上げるとすれば、「水仙まんじゅう」という敦賀の銘菓がある。葛まんじゅうを猪口《ちょこ》のような器に入れ、それを冷水に浮かべて冷やしたもので、冷たくツルッとした食感が楽しめる。良質な水が湧く土地ならではの、夏の風物詩だ。

夏の訪れとともに、あちこちの和菓子店の店先に、井戸水で冷やした水仙まんじゅうが並ぶさまは、非常に風情豊かなものだ。ところがいまでは、プラスチックのカップ入りのものが箱詰めで売られているのが一般的になってしまった。それではどの街のスーパーでも買えるただの葛まんじゅうと変わらない。

かつてのように美しいガラスの容器に入れて、きれいな湧水で冷やす、昔ながらの風情ある売り方を貫き、それをインターネットで発信すれば評判を呼ぶはずだ。敦賀と大陸を結ぶ船の往来が盛んだった頃、この地を訪れたことのある中国やロシアの人が、当時の水仙まんじゅうを懐かしんでまた食べてみたいと思うかもしれない。そのようにして、日本国内のみならず、世界中から客を集められるのではないだろうか。

他よりも少しでも安く、という価格競争に足を踏み入れれば、すぐにこれ以上は安くできないという限界点に追い込まれ、必然的に行き詰まる。むしろ、どうすれば高くても売れるかを考えるべきなのだ。これからは、ファッションに限らずあらゆる業種が、そのような方向に向かっていくのではないかと思う。

メイド・イン・ジャパンを世界へ売り込むには

日本のファッションは、技術も品質も世界一である。メイド・イン・ジャパンの世界的なブランドイメージや、製品に対する信頼性はきわめて高い。

にもかかわらず、その魅力や価値を世界に向けて表現し、売り込むことが十分にできているとは言い難い。まさに「宝の持ち腐れ」となっているのが現状だ。

それは、日本のファッションを世界に発信できる人材がほとんどいないためである。端的に言えば、ファッションに携わる人たちの語学力の問題だと私は考えている。語学力が不十分なので、世界に向かって商品の説明やアピールが満足にできない。そのため海外展開は商社に任せることになるが、商社はその立場上、日本のファッションのよさを売り込むということより、売り上げなどの数値目標を重視して動く。

メイド・イン・ジャパン製品の価値そのものは揺るぎない。現状で欠けているのは「売り方」の部分だけである。つまり、売り方さえ強化できれば、世界に向けたメイド・イン・ジャパンのファッションビジネスを飛躍的に成長させ、持続させていくことができるはずだと考えている。

ある時期からヨーロッパのブランドでも、コスト重視で商品の生産は中国などで行うケースも増えてきた。日本でも一時はその傾向が強まったが、価格競争が激化するとともに限界が見え始め、現在では再び、メイド・イン・ジャパンの価値ある製品を持続的に販売する方向に、ファッション関係者の目が向き始めていると感じている。

ヨーロッパのファッションがこのまま量産化の方向に向かうとすれば、メイド・イン・ジャパンの製品はいま、その価値で差別化をはかり、世界で高く売れる大きなチャンスを迎えていると言える。

しかし残念ながら、いまがそのせっかくのチャンスであるということを理解し、ビジネスを展開できる人材が圧倒的に少ないという現実がある。

ファッション業界における語学の重要性について、私はここ十数年にわたって提言し続けてきた。服飾専門学校でも、ただ洋服をつくる技術を教えるだけでなく、語学の授業、そしてファッション関係の企業で実務を経験するインターンの制度を充実させるべきだと考えている。

また、洋装と和装それぞれの礼装の種類など、場面にふさわしい服装の基準やマナー、つまりドレスコードの基礎的な知識を学校で教えることも重要だと考えているが、それを教えられる教員が少ないことも問題だと感じている。一年生のときから生地や服づくりにかかわる知識を根本から身に付けるとともに、ファッション企業で実習を積むなど、卒業後はすぐにプロとして生きていけるレベルの勉強をさせるべきである。

これからのファッションの世界には、国際的な視野と語学力、実務能力を備えた人材が必要であり、そのような人材をぜひ育ててほしいと、学校関係者の方々とお話しする機会があるたびにお伝えしてきた。

日本に欠けているのは人材であり、その原因は教育にある。ファッションの知識に加えて、高い語学力を備えた人材を育成し、最高の技術で生み出されたメイド・イン・ジャパンのファッションを、世界に向けて売っていきたい。それが私の現在の夢である。

おわりに

還暦を迎えたとき、故郷の「氏神さま」である劔神社の境内に神馬を奉納した。

少年時代の思い出が詰まった劔神社での除幕式には、高齢の母も出席し、序幕の綱を引いてもらうことができた。

喜びに輝く母の笑顔を見て、こうしていくらかなりとも親孝行と故郷への恩返しができたことに深い喜びを感じ、万感胸に迫るものがあった。

さらに平成六年には、妻の故郷の樋山神社に鳥居を奉納した。

その後も故郷の寺社には寄進を続け、また故郷の教育や産業などのために、さまざまな形で寄付なども行っているが、まだまだ十分な恩返しができたとは思っていない。

ここまで歩んできた経験を活かし、地元商店街の活性化や、敦賀のブランド力を高めるための活動、学校の支援など、故郷の役に立てることがあれば積極的にかかわっていきたいと考えている。

平成４年、還暦を迎えたのを記念し、故郷の剣神社に奉納した神馬。

平成６年、妻の故郷の樋山神社へ鳥居を奉納。これからも故郷への恩返しは続けていきたい。

　また、ファッション業界のみならず、これからの日本においては、語学力のある人材を育成することが必要不可欠であり、それがこれからの私の使命のひとつと考えている。

　幸い、ラビアンヌ専務である三女の珠美は五カ国語を話し、孫たちもそれぞれ幼い頃から語学力を磨いている。そうした身近な人材の力も借りながら、敦賀から国際的な発信力を持つ人材を輩出するための学校教育などにも貢献できればと思っている。

「なぜそんなに元気なのか」と、

私はよく聞かれる。私にはストレスがない。どんなことがストレスなのかさえわからない。

次々に夢ができ、それを実現したくなるので、風邪をひいている暇もない。

現在の私には、メイド・イン・ジャパンの魅力と価値を世界に発信し、高く買ってもらうという大きな夢がある。故郷への恩返しの完全な実現は、さらにその先にある。その夢に向かって、いまも前進している。「宝の場所」から始まり、その場所に報いるはるかな旅は、これからも続いていく。

平成二十八年秋

水上敏男

著者プロフィール

水上 敏男（みずかみ としお）

昭和７年、福井県敦賀市生まれ。
福井県立敦賀高校商業科卒業後、大阪・船場の繊維問屋石原商店に就職。働きぶりが認められ、入社４年目にして番頭に抜擢される。昭和33年に独立し、水上商店を設立。「誠心誠意」を武器に、「みんなが喜ぶ商売の形づくり」に尽力。希少性の高い商品の開発や独創的な販売戦略などが成功し、昭和45年に株式会社ラビアンヌに社名を変更。その後も着実に業績を伸ばし、平成６年には東京のＮＨＫ前にハイファッションの拠点となる社屋を建設。現在はメイド・イン・ジャパンの優れたファッションを世界に発信することを目指し、世界で活躍できる人材育成などに取り組んでいる。

上質へのこだわりを貫いて スモール・イズ・ベストの経営思想

2016年12月15日　初版第１刷発行

著　者　水上 敏男
発行者　瓜谷 綱延
発行所　株式会社文芸社
〒160-0022 東京都新宿区新宿1－10－1
電話 03-5369-3060（代表）
03-5369-2299（販売）

印刷所　株式会社フクイン

ISBN978-4-286-17510-2